PROSPER GAYVALLET

# UNITÉ
# ATTRACTION
# PROGRÈS

## {N}OUVELLE CONCEPTION PHILOSOPHIQUE DE L'UNIVERS

(QUATRIÈME ÉDITION)

PARIS
SOCIÉTÉ D'ÉDITIONS SCIENTIFIQUES
Place de l'École-de-Médecine
4, RUE ANTOINE DUBOIS, 4

1901
Tous droits réservés

Unité

    Attraction

        Progrès

PROSPER GAYVALLET

# UNITÉ
# ATTRACTION
# PROGRÈS

## NOUVELLE CONCEPTION PHILOSOPHIQUE DE L'UNIVERS

(QUATRIÈME ÉDITION)

PARIS
SOCIÉTÉ D'ÉDITIONS SCIENTIFIQUES
Place de l'École-de-Médecine
4, RUE ANTOINE-DUBOIS, 4

1901
Tous droits réservés

# PRÉFACE

Je me propose de montrer qu'en dehors de toute croyance religieuse, quelle que soit sa situation intellectuelle et sociale, tout homme possède les moyens d'arriver, ici-bas, au Bonheur pour lequel il a seul na...

Pont-de-Beauvoisin, le 12 juin 1896.

Prosper GAYVALLET.

# PRÉFACE

Je me propose de montrer que, en dehors de toute croyance religieuse, quelle que soit sa situation intellectuelle et sociale, tout homme possède les moyens d'arriver, dès ici-bas, au Bonheur pour lequel il se sent né.

*Pont-de-Beauvoisin, le 12 mars 1898.*

Prosper GAYVALLET.

# Unité
## Attraction
### Progrès

---

I

## VERS LE BONHEUR

En ce siècle de science et de raison froide,
Sur les ruines de croyances pour toujours brisées,
Et des religions anéanties pour toujours,

L'homme reste seul debout.

Cette illusoire lumière qui s'appelait la foi a disparu ;

Cette illusoire consolation qui s'appelait l'Espérance s'est évanouie.

Privés de lumière et de consolation, tristes, nous errons dans les ténèbres, heurtant, à chaque pas, les débris d'un édifice qui s'est effondré, de l'édifice qui constituait notre bonheur ici-bas :

Le civilisé aux aspirations déçues regrette l'époque barbare

« Où Cologne, Strasbourg, Notre-Dame et St-Pierre.
» Agenouillées au loin, dans leur robe de pierre,
» Sur l'orgue universel des peuples prosternés,
» Entonnaient l'hosanna des siècles nouveau-nés. »

Car il a soif de bonheur, ce « dieu tombé qui se souvient des cieux » et d'un bonheur aussi idéal qu'infini. Il lui faut un cœur, une espérance, rayon divin qui ne meurt pas.

Des profondeurs, il clame vers le ciel son désir de béatitude. Trois voix répondent à son appel : les religions révélées ; les philosophes idéalistes ; les philosophes positifs.

Dans chaque terme de ce vaste trinome, je fais rentrer des théories sensiblement divergentes dans la forme, mais qui, au fond, aboutissent, par groupe, à une même règle pratique devant conduire à la félicité.

J'examinerai dans un chapitre suivant ce que sont ces trois séries de systèmes, pour montrer ce que chacun d'eux renferme soit de mensonger ou d'odieux, soit d'erroné, soit d'incomplet. Pour le moment, je les envisagerai non en eux-mêmes, mais dans leurs conséquences pratiques, c'est-à-dire au point de vue du bonheur qu'ils doivent donner à l'humanité.

Les religions révélées, prenant pour bases des dogmes dont nous verrons plus loin l'impossibilité (chap. XII), commandent la résignation aux souffrances actuelles, en vue d'une vie future dont la réalité correspond à celle des dogmes. Elles ont emprunté aux philosophies qui les ont précédées, d'excellents principes de morale, par exemple la charité. Mais on ne doit aimer son prochain que pour plaire à un Etre dont l'existence est incompatible avec la nôtre (ce qui sera démontré au chapitre XII. Nous ne devons pas hésiter à sacrifier notre prochain, si la gloire de Dieu l'exige. « Celui qui aime Dieu, dit saint Jean Climaque, doit écarter et rejeter toute autre affection » et comme Tartufe

« Et il verrait mourir frère, enfant, mère et femme
» Qu'il ne s'en soucierait pas plus que de cela. »

Ainsi le principe de charité n'a qu'une portée relative, il renferme en lui une tache originelle qui lui imprime un caractère odieux et lui enlève, à nos yeux, toute sa valeur.

Le mobile des religions révélées est donc, non pas l'altruisme, mais l'égoïsme, un égoïsme aussi écœurant que raffiné « la première charité commence par soi-même ». On ne doit faire le bien que pour plaire à Dieu seul, et comme on n'a intérêt à plaire qu'à Dieu, on ne doit faire le bien que par intérêt.

Quant à leur béatitude, elle est plutôt négative. Pour la multitude des croyants, il s'agit avant tout d'éviter les peines éternelles. C'est la crainte de la souffrance, la terreur vaine et lâche, le sentiment le plus bas et le plus vil de la nature humaine qui est exploité par les diverses églises.

Au nom de la vérité, de la morale et de la dignité humaine, les règles pratiques qui se déduisent des religions révélées sont à jamais condamnées, et il n'y a pas lieu de s'occuper davantage du bonheur tout à fait illusoire qu'elles prétendent procurer.

Par esprit de réaction contre des dogmes mensongers, les philosophes positifs, depuis Démocrite et Épicure jusqu'à Herbert Spencer, se bornent à l'observation des faits et à l'établissement des lois scientifiques. Leur méthode est irréprochable. Rien chez eux d'erroné. La seule prise qu'on puisse avoir sur eux, c'est quant à leur façon de concevoir la béatitude et les règles pratiques qu'ils indiquent pour y parvenir.

Auguste Comte est peut-être celui des positivistes qui s'est fait du bonheur l'idée la plus exacte, quoiqu'il ait été, sur ce point, abandonné de la plupart de ses disciples.

En bon positiviste, Comte est parti d'un fait : n'ayant été heureux que dans l'amitié platonique d'une femme de haut mérite, il a généralisé ce fait et conclu qu'on ne peut être heureux qu'en aimant tout le monde, non seulement les vivants, mais même les morts. Il a fondé la Religion de l'humanité. Là, il a complètement laissé de côté les principes positivistes et il est tombé dans l'erreur des *Religions* et de l'*Idéalisme* en fixant comme but de l'activité humaine, le culte d'un objet abstrait n'existant pas réellement et dont l'idé ne peut engendrer de sentiments efficaces que pour une *élite intellectuelle ou morale*.

Je le répète, Comte n'a pas vu le bonheur en lui-même, il a simplement constaté un fait qui le réalisait.

Quant aux moyens de produire ce fait, il émet une

doctrine dont le résultat serait de rendre l'homme plus malheureux que jamais. Il se montre d'une étroitesse qui étonne chez un esprit aussi vaste et aux si larges vues. On croirait plutôt entendre un ascète indou.

D'après lui, tous les sentiments autres que l'altruisme qui doit donner le bonheur, seront impitoyablement étouffés, au risque même d'affaiblir la santé corporelle dont il ne veut cependant pas, comme les *pessimistes indous et allemands*, l'extinction complète. Un pouvoir spirituel dont la pression (je dirais plutôt l'oppression) sera toute puissante, veillera à ce qu'on tende vers l'altruisme tous les efforts de l'intelligence qui, selon Comte, devra être mise en tutelle et atrophiée autant que possible comme dangereuse. Il propose de choisir une centaine de livres et de détruire tous les autres. C'est un bouddhiste ou un catholique qui parle et qui voudrait arrêter le progrès de l'humanité asservie sous ses lois.

Au point de vue objectif, ce serait la décadence rapide de la société. Mais, même au point de vue de la félicité, qu'est-ce qui en serait plus la négation que cet état d'esclavage où les sacrifices les plus durs seraient à chaque instant imposés ?

Pour la masse des positivistes qui n'ont pas voulu suivre Comte dans la voie de *l'ascétisme idéaliste*, le bonheur consiste non dans l'altruisme, mais dans la pleine satisfaction des besoins de toute nature, c'est-à-dire dans l'adaptation complète de l'homme à la vie matérielle et sociale. D'après Herber Spencer, pour l'adaptation intellectuelle, il faut qu'il y ait équilibre entre les séquences mentales et les séquences physiques, ce qui, dit-il lui-même, ne peut se produire qu'au bout d'un temps infini. De même l'adaptation morale est une approximation continue de l'équilibre entre les émotions et les espèces de conduites nécessitées par les conditions ambiantes.

Il est difficile de ne pas être frappé de l'analogie entre l'Adaptation de Spencer et l'Harmonie préétablie de Leibnitz, avec cette différence que pour l'un cette harmonie a toujours existé, parce ce que Dieu l'a voulu ainsi, tandis que pour l'autre, elle ne se produira qu'après un temps infini.

Mais ce qui est en cause ici, ce n'est pas le bonheur individuel, c'est le bonheur social. Spencer assimile la société à un organisme vivant, composé de cellules dépendant les unes des autres par des relations nécessaires. Il y a, dans la société comme dans l'organisme, une limite à l'accroissement de l'hétérogénéité, c'est l'équilibre aussi physique dans l'un que dans l'autre cas, les sentiments n'étant que des mouvements transformés. Cet équilibre, en biologie, s'appelle la Mort ; c'est aussi la Mort en sociologie.

Quelle singulière ressemblance dans leur conséquence dernière, entre la science positive et les *systèmes idéalistes* !

Spencer et les positivistes, comme Schopenhauer

et les bouddhistes, font consister le bonheur dans l'équilibre qui doit précéder la Dissolution ou l'absorption dans le Nirvana. Chez les uns comme chez les autres, le but de toute activité, c'est la réduction au néant, la consomption, l'extinction.

La seule différence, c'est que les premiers se placent au point de vue collectif. Ici l'individu n'a pas à être heureux, mais seulement l'ensemble organisé dont le bonheur impliquera nécessairement celui de chaque partie. Cette partie a donc intérêt non à son propre bonheur, mais à celui de l'ensemble. Scientifiquement, c'est irréprochable; moralement, c'est la solidarité dans ce qu'elle a de plus mécanique, de plus automatique et de plus brutal.

Nous admettons néanmoins que les hommes doivent se soumettre à la *loi de solidarité*, dont il sera fait d'ailleurs une étude détaillée au chapitre IV.

— Mais on doit chercher plus haut que la solidarité, un idéal renfermant la béatitude accessible dès ici-bas.

— Nous trouverons cet idéal dans notre conception de l'Univers.

— Les positivistes laissant de côté leur théorie du bonheur parfait qui ne présente pas d'intérêt pratique, puisqu'il ne doit arriver d'après la science, qu'au bout d'un temps infini, s'occupent surtout du temps présent. Il faut leur rendre cette justice qu'ils veulent tâcher de diminuer, autant que possible, le mal physique et moral. Pour cela, ils se servent d'une éducation rigoureusement scientifique à laquelle ils attribuent avec raison une grande efficacité.

Mais cette éducation a toujours pour but de développer harmoniquement les facultés humaines, de façon à rendre leur fonctionnement absolument régulier, *indépendamment de l'activité individuelle*. L'activité individuelle sera si bien étouffée ou rendue automatique, et, d'après Spencer lui-même « la nature » humaine sera si bien façonnée par la discipline » sociale, qu'elle n'aura plus besoin de contrainte » extérieure et qu'elle se contiendra elle-même. » Quelle perspective pour les futurs éduqués que cette « discipline sociale » scientifique, froide et méthodique, canalisant, comprimant et éteignant les aspirations naturelles !

Pour nous, nous soutenons que l'Éducation ne doit pas avoir ces caractères qui sont ceux de l'*Instruction*.

L'*Éducation* sera au contraire sentimentale, idéale : elle laissera un vaste champ à la liberté, à la spontanéité de l'individu ; elle se contentera d'exciter l'ardeur des bons instincts sans comprimer les autres qui s'affaibliront d'eux-mêmes, absorbés, pour ainsi dire, dans la force de plus en plus vivace des premiers. Le but de l'éducation, c'est l'épanouissement et la création des bons sentiments dans la plus complète liberté.

Spencer a beau affirmer que son progrès est une tendance à l'individuation, à la liberté, que tout en soutenant ses propres droits, chacun respectera les droits des autres; il n'en est pas moins vrai que la société devenant un individu, l'unité harmonique formée par la subordination, c'est-à-dire la solidarité mécanique et fatale des parties, est la première condition d'existence de cette société individuée d'où la liberté de l'homme semble à jamais bannie.

L'Éducation doit tendre à faire des héros dans l'humanité et non pas seulement des associés dans l'État-Commerçant, selon M. Bourgeois qui, voulant mettre en évidence l'idée de justice, fait consister le bonheur dans l'exact accomplissement des obligations engendrées par le « quasi-contrat social ». M. Bourgeois est irréprochable en ce sens que **tous les hommes doivent être associés et non des maîtres ou des salariés, et être rémunérés suivant leur mérite et non suivant leur naissance**. Mais ils doivent être plus que cela.

Cette relation mécanique, qu'on appelle la solidarité, qui n'est pas un sentiment, pas plus que le rigoureux accomplissement d'une obligation, même sociale, ne suffit à donner le bonheur. Et, faire consister ce dernier dans un certain état matériel même où les plaisirs de l'esprit, comme chez Épicure, ne sont pas sacrifiés à ceux des sens, c'est le confondre avec le plat bien-être qui, d'ailleurs, d'après les positifs les plus optimistes, n'est réalisable dans sa perfection, qu'après une durée illimitée.

Il restera donc toujours des maux surtout moraux, qui deviendront d'autant plus aigus que les maux physiques se feront moins sentir.

Voilà la perspective de bonheur que nous offrent les philosophes positifs et je ne parle que de ceux qui croient au Progrès et à la marche de l'humanité vers la perfection.

Quant aux philosophes idéalistes, ils sont pris d'une sorte de rage au seul mot de bien-être matériel, dont ils ont horreur et à la possibilité duquel ils refusent d'ailleurs, avec acharnement, d'ajouter foi.

Ils affirment que tout est mauvais dans ce monde, dont les phénomènes des positivistes ne sont que la manifestation trompeuse.

Ils sont tous fatalistes, ne reconnaissent aucune efficacité à l'éducation. D'après eux, la vertu ne s'acquiert pas plus que le génie.

Depuis l'antiquité de l'Inde, de l'Egypte, d'Elée jusqu'à la moderne Allemagne, ils croient à un âge édénique où n'existaient que des esprits parfaitement heureux, car ils avaient de Dieu, dont ils émanaient, une connaissance complète et absolue.

Après une chute qu'on n'est pas encore parvenu à expliquer, est né le mal qui s'est identifié avec la matière dont la création n'a été que l'objectivation d'une idée divine déchue.

Cette objectivation n'a pas une existence réelle,

c'est une apparence, un cauchemar dont nous comprendrons la vanité, dont nous nous affranchirons par l'ascétisme et la contemplation qui nous rendront la connaissance de Dieu, perdue par notre chute, et dans laquelle consiste le vrai bonheur.

On reconnait dans cette théorie, les dogmes fondamentaux et la morale de toutes les Religions révélées.

Malheureusement, ces règles de conduite ne sont, comme celle de Comte (à propos de l'Être abstrait Humanité), accessibles qu'à une élite intellectuelle et morale. Schopenhauer et Spinoza lui-même le déclarent avec une dure franchise.

Ils sont rares ceux qui ont l'âme assez élevée et assez noble pour se dépouiller de leurs instincts grossiers et vils qui sont, quoi qu'on en dise, la principale source du malheur. Quoi, en effet, de plus triste que l'homme vicieux, au cœur gonflé de désirs inassouvis?

Du moins l'élite des ascètes idéalistes et religieux a-t-elle l'avantage de réaliser le bonheur en tant qu'individus, au lieu de ne l'avoir qu'en perspective, au bout d'une durée infinie, en tant que fraction du corps social? Mais est-ce bien le bonheur que cet état d'immobilité, de repos dans le Nirvana ou le Paradis après la suppression de toute volonté, de tout désir, de tout besoin?

Nous l'avons déjà dit, c'est un cas particulier de l'équilibre final des évolutionnistes.

Cet équilibre est en quelque sorte mécanique et objectif, ce n'est pas cet état aussi idéal que subjectif, cette béatitude pour laquelle l'homme se sent né.

D'autre part, l'homme est une activité, il n'est pas fait pour l'équilibre qu'il ne réalise que dans la mort. Puis donc que l'essence de l'homme est en même temps une activité et une tendance au bonheur, ce dernier ne peut se trouver que dans l'activité et non dans le repos. Le bonheur est, comme la vie, composé de variations. Sa nature est *différentielle* et *dynamique* et non *intégrale* et *statique* comme chez les évolutionistes, soit positifs, soit idéalistes, qui ont pour idéal la mort.

La Béatitude n'est pas l'état statique mais extatique au sens le plus large du mot. Non pas l'extase des spiritualistes, la soi-disant sortie momentanée de l'âme du corps par suite d'une concentration d'esprit sur des rêveries sans objet réel, d'illuminations, de visions aussi surnaturelles qu'illusoires. Ce n'est pas Thérèse et Marie Alacoque se pâmant dans les bras d'un Dieu imaginaire, les muscles contractés, bavant, écumant, croyant dans leur délire, sentir l'ardeur des baisers impurs d'un amant divin.

Je parle au contraire de l'extase en général, ce ravissement qui fait sortir l'âme non pas du corps, mais d'un état mental pénible. L'âme est ravie non pas de la terre au ciel, mais du malheur au bonheur.

Ce ravissement est le résultat de l'enthousiasme

provenant de la possession d'un objet réel ardemment désiré. Non d'un objet purement matériel dont l'éphémère jouissance ne laisse, après une volupté aiguë et amère que la fatigue, le vide et la tristesse dans l'âme ; mais au contraire, idéal, durable, capable de procurer le même ravissement de la douleur à la joie, sans être accompagné de peine et souffrance de cœur.

Pour cela, il faut une concentration de la sensation heureuse aux dépens des autres sensations dont l'intensité est ainsi diminuée jusqu'à l'insensibilité à toute douleur physique ou morale, étrangère à cette sensation.

D'autre part, d'après la science la plus optimiste, le bien-être parfait n'est possible qu'après des périodes d'une durée infinie. Il y aura toujours des douleurs provenant de besoins non satisfaits.

Puis donc qu'objectivement on ne pourra jamais anéantir tous les maux, il faut arriver à les neutraliser, à les anéantir subjectivement, en créant un sentiment plus vif qui les fasse oublier, et si l'oubli est complet, la béatitude est parfaite.

Après tout ce que nous venons de dire, nous pouvons donner du bonheur une définition adéquate.

*C'est cet état dans lequel l'imagination pleinement satisfaite de la jouissance d'un objet, se plaît dans cette jouissance qui lui suffit.*

Donc, par définition, pour être heureux, il sufffit

d'avoir un seul sentiment assez vif pour que sa satisfaction nous empêche de désirer violemment autre chose. De telle sorte que, même inassouvis dans ces penchants secondaires, nous n'en ressentirons pas de douleur. Ainsi, nous sommes loin de l'extinction de toute activité humaine.

Maintenant, la question se trouve ramenée à celle-ci ; Est-il possible de développer dans le cœur humain, relativement à un objet *réel et concret* (afin qu'il soit accessible à tous), un sentiment assez vif pour que sa satisfaction atténue nos autres désirs, jusqu'à nous faire paraître, à la rigueur négligeables, les objets vers lesquels ils tendent ?

Et ce sentiment peut-il être satisfait non pour des générations lointaines et pour le corps social en bloc, selon les évolutionistes, mais pour la génération actuelle et pour chaque individu en particulier ?

Non pour une élite d'intuitifs et de contemplatifs selon l'ascétisme idéaliste, mais pour tous les humains ?

---

## II

## POSSIBILITÉ DU BONHEUR

La question étant ainsi posée à savoir : est-il possible à tout homme d'arriver au Bonheur ? *c'est-à-dire existe-t-il un objet réel et concret ou sensible, capable de procurer le bonheur à chaque individu composant l'humanité actuelle ?* nous allons chercher à la résoudre d'une façon qui ne laissera aucun doute ni aucune incertitude.

Pour cela, nous ne nous servirons ni d'idées, ni de raisonnements, ni de principes provenant des données des sens ou dépendant des formes de l'esprit. Nous n'avancerons rien qui repose sur une base incertaine, rien qui soit soumis à une condition particulière dont nous ne sachions pas le comment; rien, en un mot, qui dérive d'une cause douteuse ou inconnue.

La conclusion à laquelle nous arriverons, aura donc tous les caractères de l'absolue certitude.

Sans partir d'aucune donnée sensible, sans faire aucun raisonnement, sans invoquer aucun principe; tout homme peut dire sans se tromper :

Je *sens* que j'ai en moi une puissance d'exister et de conserver mon existence.

Je *sens* que j'ai une tendance invincible à accroître cette existence.

Je *sens* que j'ai une tendance invincible à être heureux.

Ce n'est même que parce que je sens en moi ces tendances, que je sens que j'existe.

Je *sens* à chaque instant des obstacles à toutes ces tendances.

On peut même, dans cet ordre d'idées très ancien, exprimer une formule nouvelle :

**Je suis malheureux, donc J'existe.**

Je ne parle pas de l'ordre des phénomènes dont la réalité objective m'est, *a priori*, problématique, puisque je n'ai, pour les connaître, que des intermédiaires dont j'ignore la fidélité.

Je parle de l'ordre de la réalité subjective.

Je me sens à chaque instant frustré dans mes tendances subjectives dont l'existence m'est certaine.

Frustré dans ma tendance à connaître (toujours dans l'ordre de la réalité subjective) : mon esprit étant borné, est obligé de s'arrêter dans sa connaissance, à des limites qu'il souffre de ne pouvoir franchir.

Frustré dans ma tendance à aimer : mon cœur est fait pour aimer des objets dont il sent ne pas posséder l'affection et il en souffre.

Frustré dans ma tendance à vouloir réaliser ma volonté : je sens que je ne puis pas réussir dans les efforts que je fais, non sur l'extérieur mais sur moi-même : quand je veux réagir contre mes penchants mauvais, je souffre d'y être entraîné malgré moi.

Tout cela est de l'ordre de la réalité subjective, est indépendant des formes par lesquelles mon esprit connaît.

*C'est mon moi qui se sent exister.*

Je suis certain de toutes ces tendances et de tous ces obstacles. Je suis fait pour être heureux et je ne le suis pas.

Je sens que je ne suffis pas à mon bonheur.

Il me manque quelque chose qui n'est pas moi.

Mais cette tendance invincible à acquérir une béatitude que je ne possède pas encore, cette tendance invincible ne peut pas être un leurre, puisque c'est la première des réalités subjectives dont je sois certain.

Puisque ce ne peut être un leurre, *sa satisfaction est possible*.

— Donc, ce quelque chose que nous sentons nous manquer, *qui est en dehors de notre moi, existe réellement, sans quoi la satisfaction de notre tendance à être heureux, ne serait pas possible et nous venons de voir qu'elle l'est*.

Nous *sentons* aussi que ce qui est au premier chef la source de ce que nous *sentons* devoir être notre bonheur, c'est la tendance à aimer et à être aimés, tendance par laquelle nous nous *sentons attirer et être attirés*.

Car sans sortir de notre moi, nous nous *sentons* sujet et objet d'une sorte d'*attraction sympathique* que nous sentons nous dominer et nous diriger.

Nous *sentons*, c'est-à-dire nous sommes donc certains, que hors de la réalisation, de l'accomplissement de cette attraction sympathique, nous ne pouvons trouver la Béatitude pour laquelle nous nous *sentons* nés.

Or, *nous l'avons prouvé précédemment*, ce quelque chose qui manque à notre bonheur, lequel est *nécessairement possible*, ce quelque chose *existe réellement*.

Mais ce quelque chose de *réel* que nous *sentons* nous manquer, et par conséquent *en dehors de nous*, par quoi nous nous sentons attirer et être attirés et dont l'*attraction* accomplie et réalisée, nous donnera ce que nous sentons devoir être notre bonheur.

Nous *sentons* que ce quelque chose de *réel* ne peut pas être moins que nous, car si nous ne suffisons pas à notre bonheur, à plus forte raison *sentons*-nous que ce qui est moins que nous n'y suffira.

Par conséquent, nous *sentons* que *cette réalité extérieure*, cet être ou cet ensemble d'êtres, ou bien est imparfait, borné et malheureux comme nous nous sentons nous-mêmes, ou bien n'est pas soumis à l'imperfection par laquelle nous nous sentons bornés et malheureux, c'est-à-dire qu'il est absolu ou tout puissant.

Nous *sentons* la nécessité de l'existence de l'une au moins de ces deux catégories, puisque l'une au moins est nécessaire à notre bonheur.

Or, nous *sentons* que l'une de ces catégories n'existe pas, c'est celle des êtres parfaits, c'est-à-dire tout-puissants, car s'il existait un seul être parfait et tout-puissant, nous *sentons* qu'étant infiniment bon, il aurait déjà enlevé les obstacles à notre bonheur.

Donc l'Être parfait ou absolu n'existe pas.

La non existence de l'Absolu est ainsi démontrée d'une façon subjective, afin d'éviter toute pétition de principe.

Je ne veux pas dire par là que Dieu n'existe pas, loin de moi une pareille pensée, mais seulement que **Dieu n'est pas Parfait** (cap. XII et chap. XVI).

Quand nous aurons légitimé les données des sens, nous prouverons d'une façon plus scientifique, mais non plus rigoureuse, l'impossibilité de l'Être parfait.

Puis donc que nous *sentons* la première catégorie d'êtres ne pas exister, nous *sentons* d'autant plus fortement l'existence réelle de la deuxième.

Cette deuxième catégorie se compose, nous l'avons vu, d'êtres bornés et malheureux comme nous, mais non inférieurs à nous, sinon (nous le *sentons*), ils ne pourraient pas suffire à notre bonheur. Nous *sentons* que tous les êtres qui composent cette catégorie existent, car si l'un n'existait pas, *comme nous ne sentons pas sa non-existence* (ce qui est arrivé pour l'Être absolu), nous *sentons* que nous voudrions posséder son affection, et alors, frustrés dans notre tendance, nous serions condamnés à jamais au malheur.

Par suite, tous les êtres imparfaits mais non inférieurs à nous, existent réellement.

Mais d'un autre côté, ce qui nous paraît être nos sens extérieurs nous montre l'existence d'êtres réalisant toutes les conditions indiquées plus haut par notre sens supérieur et infaillible, c'est-à-dire faisant partie de la série des êtres qui, tous, doivent exister réellement d'après ce que nous *sentons* avec certitude. *Donc, ces êtres, perçus par ce qui nous paraît être nos sens extérieurs, existent réellement.*

Or, ils sont perçus comme semblables à ce qui nous paraît notre être sensible et matériel.

De plus, nous *sentons* que dans l'affection de ces êtres, *tels que nos sens nous les montrent*, se trouve au premier chef la source de notre bonheur tel que nous *sentons* devoir le réaliser, indépendamment de toute donnée sensible. Donc c'est bien *tels que nous les voyons par nos sens extérieurs*, que ces êtres doivent exister.

Ainsi, dans la perception de cette partie de ce qui nous paraît être le monde extérieur, nos sens ne nous trompent pas. *Cette partie existe bien réellement telle qu'elle se manifeste à nous.*

Et comme l'ensemble du monde extérieur est perçu par nous de la même façon, si une partie est réelle, le tout est réel. Par conséquent, *dans toutes leurs perceptions, nos sens extérieurs nous donnent l'image exacte de la réalité.*

Dans tout ce qui précède, j'ai employé à chaque phrase le mot *sentir*. Je l'ai fait à dessein, pour bien montrer que je ne me servais pas de ma faculté discursive, dont les procédés de dialectique dépendent des formes de mon esprit. Car, ignorant *a priori* ce que sont ces formes, je ne pourrais pas aboutir, par les raisonnements qu'elles conditionnent, à une conclusion certaine.

Je ne me suis servi que d'une seule de mes facultés, indépendante de toute forme de mon moi. *Cette faculté, c'est mon moi, en tant qu'il se sent exister par les tendances inhérentes à sa substance et les modifications de ces tendances.*

Afin de rester toujours en contact avec le certain, je me suis toujours placé au point de vue *subjectif*, même en parlant de choses objectives.

Cette seule faculté, ce seul sens dont je me suis servi, m'a constamment donné la certitude. Et, *sans sortir de mon moi, ni de l'ordre de la réalité subjective, je suis arrivé d'une façon légitime à la certitude de l'existence du monde extérieur et objectif.*

Cette faculté, ce sens, je pourrais l'appeler la *conscience*, mais ce mot, tel qu'il est employé en philosophie, implique une intelligence assez développée. L'homme supérieur seul a vraiment conscience de lui-même.

Cette faculté de *sentir d'une façon plus ou moins inconsciente* mon moi et ce qui se passe en moi, qui dans les limites où elle s'exerce, n'est soumise à aucune condition et me donne la certitude, je l'appellerai : **Sens inconditionné.**

Au moyen de ce sens inconditionné, nous sommes arrivés à la certitude que le monde extérieur est bien réellement tel qu'il se manifeste à nous par nos sens extérieurs.

Cependant, il ne se manifeste pas à nous que par nos sens, mais aussi par notre intelligence et notre raisonnement. Or, ce dernier dépend des formes inhérentes à notre esprit dont nous ne connaissons pas la portée et qui conditionnent nos procédés de dialectique, lesquels reposent par conséquent sur une base inconnue.

Il s'agit de montrer que les opérations de l'esprit élaborant les données des sens, nous conduisent bien à la certitude, c'est-à-dire sont légitimes.

Comme ces procédés de dialectique sont toujours les mêmes, il suffit de prouver qu'ils donnent la certitude dans un cas, pour savoir qu'ils la donnent toujours.

Or, quand nous avons démontré plus haut directement, par notre sens inconditionné, la non-existence de l'Être parfait et absolu, nous avons promis d'en donner plus loin une autre démonstration au moyen de raisonnements effectués sur les idées provenant directement des données des sens. Ces idées ou représentations ayant maintenant pour nous tous les caractères de la certitude, il s'agit de montrer que les raisonnements effectués sur elles ont aussi les caractères de la certitude. Ils les ont si les conclusions auxquelles ils nous conduisent en partant de bases certaines (qui sont les données des sens) sont vraies. Ces conclusions seront toujours vraies, si elles le sont dans un seul cas.

Eh bien, nous verrons plus loin (Chap. XII) que par ces raisonnements conditionnés, en les supposant légitimes, on arrive à démontrer rigoureusement l'impossibilité de l'Être parfait et absolu. Et comme la certitude de cette impossibilité est déjà acquise sans pétition de principe, par le sens inconditionné, il s'ensuit que dans ce cas, le raisonnement conditionné nous conduit à la certitude.

Donc il est légitime dans ce cas, par conséquent il l'est toujours, puisqu'il s'effectue toujours de la même façon.

*Ainsi les formes de notre esprit ne défigurent pas l'image de la réalité donnée exactement par nos sens.*

Lorsqu'en partant des données de nos sens, nous voyons, à travers les formes de notre esprit, que telle qualité convient à tel objet, que deux choses égales à une troisième sont égales entre elles, qu'une chose doit exister ou ne pas exister, nous ne nous trompons point.

Dans ces constatations, que se passe-t-il subjectivement ? A chaque opération de notre esprit, nous *sentons*, par notre sens inconditionné (qui *sent* toutes les modifications de notre moi), l'union de deux ou plusieurs idées liées de façon que nous *sentons* leur union plus ou moins indissoluble.

Comme nous avons démontré que ni nos sens, ni les formes de notre esprit ne nous trompent, à l'indissolubilité plus ou moins forte de l'association des idées subjectives, correspond une indissolubilité plus ou moins forte de l'association des objets extérieurs qu'elles représentent.

Notre sens inconditionné nous indique la vérité des jugements et des raisonnements portés sur les objets extérieurs au degré d'indissolubilité plus ou moins fort de l'association des idées correspondant aux objets qui doivent se convenir d'après ces jugements et ces raisonnements.

Nous avons besoin de l'approbation de ce sens inconditionné pour la légitimité de toutes les opérations effectuées dans nos procédés de dialectique.

C'est lui qui légitime à chaque pas l'élaboration, par notre faculté discursive des données venant des sens. C'est lui, par conséquent, qui *légitime toute science.*

*Nous pourrons désormais, sans pétition de principe, invoquer le témoignage soit de la Raison, soit de la Science, puisque elles sont maintenant légitimées.*

Ainsi, en démontrant la réalité de l'objet sensible dont le désir satisfait doit nous donner la Béatitude, c'est-à-dire l'existence réelle de *nos semblables*, tels que les sens nous les montrent, nous avons en même temps prouvé **la réalité du monde extérieur et la légitimité des Sciences** qui, toutes, sont basées sur les données des sens, sur les idées abstraites élaborées par la raison traitant les données des sens, sur les raisonnements de la faculté discursive et les principes qui s'en déduisent.

Les Sciences, qui sont elles-mêmes relatives et conditionnées par les formes de notre esprit et la valeur des données des sens, ont besoin d'être légitimées par quelque chose d'inconditionné. Ce sens inconditionné qui légitime les sciences, c'est, nous l'avons vu, la *puissance d'exister en tant qu'elle se sent elle-même*.

Cette *puissance d'exister* est inhérente à tout être.

La démonstration précédente de l'existence du monde extérieur a donc l'avantage d'être, en principe, à la portée de tout ce qui, par suite de la *puissance d'exister*, a, comme nous le verrons plus loin, la *puissance de se conserver et la tendance à s'accroître*, c'est-à-dire d'une manière générale à être heureux.

Elle n'est pas accessible seulement aux êtres intelligents et conscients, comme celle de Descartes, aux êtres moraux comme celle de Kant, ou religieux, comme celle de Leibnitz. De telle sorte que sans les êtres intelligents, moraux ou religieux, l'Univers existerait sans que nul ne le sente, c'est-à-dire le sache consciemment ou inconsciemment.

Tandis qu'avec notre démonstration, chaque partie de l'Univers sait, en principe, l'existence du Tout.

Quant à la démonstration de Spencer, c'est la réédition, avec l'idée religieuse en moins, de l'Harmonie préétablie de Leibnitz.

— Pour Schopenhauer et les idéalistes, le monde est une représentation, c'est-à-dire quelque chose de subjectif dont l'objectivité n'est qu'une vaine apparence, un fantôme, un cauchemar. Quelques-uns même, comme Berkeley, nient complètement l'existence du monde extérieur.

Quoi qu'il en soit, maintenant qu'en partant d'un principe inconditionné, nous avons légitimé les données des sens, les procédés de la faculté discursive, les idées et les principes qui s'en déduisent, le domaine des phénomènes et des faits objectifs ne sera plus, pour nous, inconnu ou incertain.

Mais nous avons prouvé, *ipso facto*, que notre connaissance n'est pas limitée aux phénomènes, qu'elle peut s'élever non seulement aux lois, mais aux principes et que les premiers sont liés aux derniers, rationnellement et sans aucune interruption.

Dans ces digressions nécessaires pour donner une base solide à toute la suite de ce traité,

Nous n'avons pas perdu de vue que le but de ce chapitre était de démontrer la possibilité de la Béatitude, c'est-à-dire d'après la définition du chapitre précèdent, l'*existence d'un objet réel et sensible* dont la possession accessible à tous immédiatement, produirait un tel effet sur l'imagination, que les autres désirs, même inassouvis, ne suffiraient pas à troubler notre félicité.

— Nous avons prouvé l'existence de cet objet réel et sensible : ce sont *nos semblables*, envisagés non au point de vue abstrait comme chez Auguste Comte, mais au point de vue concret et vivant, c'est-à-dire à la portée de tous les humains.

C'est dans l'amour réciproque de l'homme pour ses semblables, qu'est la source du vrai bonheur.

Il nous restera à prouver, dans le chapitre suivant, que l'amour de nos semblables existe et qu'il peut être rendu actuellement et chez tous, assez vif par l'éducation et la prédication, pour donner le bonheur à l'humanité.

Il sera ainsi prouvé que la *Fraternité* est un sentiment tel que si, au lieu de demeurer un *vain mot*, comme elle l'a été jusqu'à présent, elle devient une *réalité*, elle sera une *force invincible*.

Elle remplacera la Foi et l'Espérance perdues et la Charité défigurée, elle guidera et consolera l'humanité future.

Elle donnera désormais à tous les hommes, le bonheur ici-bas, si là-haut tout est vide.

Car elle porte en elle-même sa récompense.

Par le seul fait qu'on aime ses semblables, on est heureux. Le malheur ne vient que de la crainte ou de la haine, et quand on aime on ne craint rien.

En vérité, je vous le dis, celui qui aime ses frères a, dans ce monde, le paradis dans son cœur.

Si vous saviez ce que c'est que d'aimer ses frères !
Embrasés pour vos semblables d'un attachement pur et désintéressé, avec une foi vive et inébranlable à la réciprocité de cet attachement, vous puiserez dans cet amour partagé, l'énergie nécessaire pour vaincre le mal.

Et jouir dès ce monde, d'une parfaite béatitude à laquelle vous devez croire et espérer.

O mes semblables, vous qui gémissez dans l'esclavage de vos passions, qui ployez sous le poids de la Misère et de la Douleur, c'est pour vous que j'écris ce livre ! Puissiez-vous, après l'avoir lu, sentir un soulagement à vos maux !

Regardez du côté de l'Orient, vous voyez cette lueur, c'est le soleil de la Fraternité régénérée qui se lève...

Relevez-vous ! voilà la Délivrance.

## III

# FRATERNITÉ

J'ai dit que pour arriver au bonheur, l'homme doit avoir Foi et Espérance inébranlable à la Fraternité.

Alors c'est un Dogme que j'impose ? Non. Ce serait retomber dans l'erreur des religions.

Ce n'est pas une religion nouvelle que je veux enseigner, c'est la réalité, la certitude du *Principe Fraternité*.

Et comme ce principe imprègne, d'une façon intime, un ensemble de choses dont nous savons l'existence réelle (maintenant que nous avons démontré la légitimité des données des sens et des idées de la raison), pour démontrer la réalité de notre principe, nous commencerons par étudier cet ensemble de faits dès maintenant certains.

Nous constaterons qu'ils sont reliés entre eux par des rapports naturels et rationnels.

Nous ne sommes donc pas dans le domaine de la

Religion, mais dans celui de la Science, car le philosophe positif a dit : « Le Règne de la Science commence, celui des dogmes et des systèmes touche à sa fin. »

Nous allons d'abord étudier les faits qui nous démontrent que le *sentiment fraternel* existe en dehors de toute idée d'utilité ou d'intérêt. Ensuite par quels rapports naturels et rationnels ce sentiment est relié aux éléments réels, qui forment le monde matériel et moral, quelle influence il peut exercer sur ce dernier, comme source de béatitude.

Cette étude approfondie est nécessaire si nous voulons nous faire une idée complète de la Fraternité, et nous sommes obligés de nous en faire une idée complète si nous voulons tirer tout le profit possible de ce principe comme source de béatitude, puisque nous nous plaçons toujours au point de vue du *bonheur de l'humanité*.

Cette même étude nous permettra de dégager une conception d'ensemble sur le monde et sur le moi, conception qui sera basée sur l'idée adéquate que nous nous serons faite de l'*attraction fraternelle et sympathique*, conception d'après laquelle ce principe est au cœur de toutes choses.

— Pour établir l'existence de la Fraternité par opposition à l'amour intéressé et à la mécanique et automatique *solidarité*, nous n'userons que de l'observation, car « toute proposition vraie et féconde vient d'une observation et n'est qu'une liaison de faits ». En sociologie, c'est en effet l'expérience spécifique qui suggère les lois et la déduction qui les vérifie.

Après avoir étudié un assez grand nombre de faits, nous nous élèverons jusqu'aux lois par lesquelles nous constaterons que la Fraternité est au cœur des choses. Nous verrons qu'elle est la seule force qui, en principe, fasse mouvoir le monde. Alors nous pourrons commencer à dégager une conception de l'Univers.

Puis nous vérifierons que cette conception explique bien tous les phénomènes par lesquels se manifeste le monde matériel et moral.

Enfin, nous montrerons qu'aucune autre hypothèse faite ou à faire, ne peut en rendre un compte aussi exact.

Notre conception aura tous les caractères de l'absolue certitude.

Par là même que nous nous ferons une idée complète de la nature du Principe-Fraternité, dans lequel réside la béatitude humaine, un voile épais sera enlevé de devant nos yeux, et nous verrons toute la splendeur de la Fraternité dans son caractère sacré et divin au sens le plus général, c'est-à-dire le plus panthéiste du mot.

Ce principe, étant la *Force* de l'Univers, est véritablement inconditionné, puisqu'il ne dépend d'aucun être *transcendant et absolu* dont nous verrons au chapitre XII l'impossibilité.

**Au lieu de nous renfermer dans un simple fait,** comme Auguste Comte, **nous nous appuierons sur un principe dont la racine est au cœur des choses.**

La croyance à ce principe qui aura tous les caractères de la certitude scientifique, sera assez puissante pour servir de mobile aux actes humains.

Elle sera capable, par son caractère *idéal et divin* en même temps que réel et concret, c'est-à-dire *sensible* d'embraser tous les hommes d'un amour fraternel si ardent, qu'elle atténuera les autres sentiments, de telle sorte qu'ils ne puissent troubler le bonheur procuré par la Fraternité.

Maintenant, commençons par la constatation des phénomènes dont la certitude nous est, dès à présent, acquise.

C'est un fait d'expérience que l'homme a un *penchant spontané pour la société de ses semblables et la recherche, instinctivement pour elle-même, en dehors des avantages qu'elle peut lui procurer* et qui, bien souvent, lui paraissent très problématiques.

— Nous possédons également une certaine somme de bonté naturelle: nous n'avons qu'à observer notre conscience pour nous en rendre compte.

Quand nous lisons l'histoire, nous sommes pris d'amour et d'enthousiasme pour ceux qui se dévouent et se sacrifient.

C'est surtout au théâtre, parmi les spectateurs d'un drame, que ces sentiments de sympathie éclatent avec évidence. La commisération pour ceux qui souffrent et la haine du personnage odieux qui n'en est que la conséquence, se manifestent souvent d'une manière très violente et se montrent absolument pures de tout sentiment intéressé.

Et, dans le cours de notre existence, qui de nous ne s'est jamais senti prêt à donner sa vie pour un être qui lui était cher?

La Fraternité est tellement un sentiment naturel et primordial que, loin de devoir son existence à l'enseignement des Religions et des Morales comme beaucoup le croient (attribuant sa *révélation* à Lao-Tseu, Bouddha ou Jésus) ; c'est au contraire la *Fraternité inhérente à l'homme et non révélée* qui, rendant nécessaire la formation des sociétés, a servi de base à la plupart des législations, des morales et des religions.

Lao-Tseu, Bouddha et Jésus n'ont pas été inspirés. S'ils se sont distingués des autres hommes, c'est qu'ils possédaient, à un degré d'intensité beaucoup plus élevé, ce germe d'altruisme, apanage commun de toute l'humanité.

*C'est de la sympathie que se sont dégagées peu à peu les notions de bien et de mal.*

Si notre sympathie s'adresse à une victime, elle engendre l'antipathie contre le persécuteur dont l'acte est considéré comme *mal*.

Ainsi, comme nous le verrons plus loin, d'une façon plus détaillée et plus rigoureuse, l'antipathie n'est pas un sentiment existant par soi. Elle ne se produit que comme conséquence d'un fait précédent qui est sa cause. **On aime sans motif, on ne déteste pas sans motif.** Il sera prouvé que l'antipathie a pour cause la sympathie qui est la seule force naturelle existant par soi et capable d'engendrer, suivant les circonstances, tous les autres sentiments.

C'est cette sympathie naturelle, éternelle, qui est la base de la Morale et non pas les religions des prétendus Révélateurs, ni l'Idée de Bien de Descartes, ni l'Idée de Devoir de Kant, qui sont des idées absolues, n'ayant aucune existence réelle : car l'Être absolu est impossible (Chap. XII.)

Nous entrevoyons donc, dès à présent, le rôle primordial du sentiment fraternel dans le monde moral.

Si l'acte d'un de nos semblables est tel qu'il provoque notre sympathie, nous le considérons comme *bien*.

S'agit-il de nos propres actions, nous les supposons faites par autrui et, nous érigeant en spectateur impartial, nous les apprécions comme si elles nous étaient étrangères.

Suivant qu'ainsi appréciées, elles excitent la sympathie ou l'antipathie, nous sentons que nous avons bien ou mal fait, et notre sentiment est une joie ou un remords.

Cela prouve que nous nous sentons heureux ou malheureux suivant que nous sommes soit objet, soit sujet de sympathie ou d'antipathie. C'est d'ailleurs un fait d'expérience dont nous acquérons facilement la certitude en interrogeant notre conscience. C'est même la seule façon dont nous soyons réellement heureux ou malheureux.

— Donc, comme je l'ai dit, la sympathie partagée est bien la source de toute béatitude.

Une affection réciproque et désintéressée, élevée à une intensité suffisante, nous fait oublier bien des déboires et peut nous procurer le bonheur, même dans l'adversité.

A qui de nous n'est-il pas arrivé, dans une société d'amis véritablement sincères, de se trouver consolé d'un malheur qui, pour un cœur isolé, eût été impossible à supporter ?

Eh bien ! si ces cas, malheureusement trop rares, étaient généralisés, si la Fraternité, d'un vain mot devenait une réalité, si on lui donnait toute sa force, toute son intensité, toute son ardeur ! Quelle douleur demeurerait sans consolation ?

— Le bonheur serait, par définition, réalisé pour le genre humain.

Quant à ceux incapables d'un altruisme embrasé, qu'ils méditent cette courte formule que par une facile gymnastique morale, ils pourront pratiquer :

**N'avoir de haine contre personne.**

**N'être jaloux de personne.**

Bientôt ils auront la paix du cœur.

Et ils sentiront pour leurs semblables une douce attraction qui sera le commencement de la béatitude.

La condition essentielle pour que cette *attraction sympathique* procure le bonheur, c'est que le calcul et l'intérêt n'y entrent pas. Car l'intérêt est un principe contraire à la Fraternité et s'il est combiné avec elle, il la paralyse.

Il faut reléguer dans la vie matérielle et inférieure la solidarité qui n'est basée que sur l'intérêt. (Voir chap. IV, la loi de solidarité).

— Pour produire pleinement ses effets, il faut que la sympathie soit un moteur indépendant qui n'ait sa cause dans aucune religion et qui, *n'étant limité par aucun obstacle, aucun préjugé, sera tout-puissant.*

Ce sera un soleil, source éternelle de Force, de Lumière et de Chaleur.

Mais que la morale de l'intérêt ne se mêle pas à ses rayons sous prétexte de les ordonner et de les régulariser ! Le plus pur de son énergie serait absorbé par cette funeste combinaison.

— Hélas, c'est sous l'oppression de la morale de l'intérêt que nous gémissons !

**Quelle puissance terrible que cette malheureuse et inavouable jalousie humaine !**

Combien sont rares les actes d'héroïsme et de dévouement qui nous reposent de la vue écœurante des préoccupations égoïstes, où la mauvaise foi et la perfidie jouent un si grand rôle !

Cependant, puisque, quelque rare qu'il soit, l'héroïsme existe, il a une cause. Nous avons la certitude de l'existence de cette cause, puisque nous avons démontré que les données de la raison ne nous trompent pas. Or parmi ces données, se trouve le principe de causalité.

Il existe donc un *principe d'héroïsme* qui est la *Fraternité* et qui a un germe dans le cœur de tous les hommes.

Le cœur, ce vase sans fond, ce gouffre d'amour que toutes les jouissances égoïstes ne parviennent pas à combler !

— Dans ce gouffre, le pur germe d'attachement fraternel est enseveli et étouffé sous les mauvais instincts ataviques et les préjugés religieux qui les recouvrent comme la cendre recouvre un brasier presque éteint. Il ne jaillit plus que de rares étincelles, mais du moins elles prouvent que le brasier peut encore se rallumer.

Ce germe d'amour fraternel que chacun porte en son cœur, est une manifestation particulière du grand principe d'*Attraction* sympathique qui, nous allons le montrer, gouverne toutes choses.

— Ce principe d'*Attraction* fraternelle est, ainsi qu'un soleil réchauffant le cœur humain glacé et enseveli sous l'égoïsme et les préjugés ataviques qui nous forment comme une atmosphère de poussière et de cendre.

Par l'*Education*, par le *Verbe divin* de ceux qui aiment leurs frères, que cette mortelle atmosphère se dissipe !

— Que le germe d'amour qui s'étiole dans le cœur de tout homme puisse renaître.

Et, dans une suprême extase, **communier avec le grand Principe de Fraternité qui lui est consubstantiel.**

———

## IV

# CONCEPTION PHILOSOPHIQUE DE L'UNIVERS

Si on voulait savoir ce qu'est le monde et ce qu'est l'homme, c'est-à-dire si on voulait avoir une **conception scientifique** du monde et de l'homme, il faudrait connaître, en détail, toutes les sciences, depuis la chimie et la microbiologie, sciences des microbes et des infiniment petits jusqu'à la sociologie et l'astronomie, sciences des mondes et des infiniment grands.

A cette étude, la vie d'un homme ne suffirait pas.

Cependant, on peut prendre dans chaque science non pas tous ses détails, mais sa quintessence qui se réduit à un petit nombre d'idées générales, principes, axiomes ou postulats, simples, clairs, indiscutables et irréductibles.

L'ensemble presque infini de toutes les sciences se résout ainsi en un nombre restreint de principes généraux.

Ces principes résultant de la constatation de faits réels, pouvant être étudiés par le raisonnement et démontrés à la lueur de l'évidence, ne sont donc **pas des dogmes** : ils sont à la portée de la raison humaine. Ce sont des **principes rationnels**.

En groupant dans un ordre logique, ce petit nombre de principes rationnels, on a ce que j'appellerai une **conception philosophique** de l'Univers, car la philosophie est la science des principes rationnels.

Envisageons d'abord, ce qui sera plus simple, la conception philosophique d'une société civilisée.

Toute société civilisée, qui n'est basée ni sur la force brutale, ni sur le dogme du droit divin, mais seulement sur des principes rationnels, est une **société philosophique**. Elle n'est ni une société **théocratique** règne des représentants de Dieu, ni une société **anarchique** règne des plus forts ou des plus habiles.

La société française, par exemple, étant basée sur les trois principes rationnels : **Liberté, Égalité, Fraternité** est une société philosophique.

De plus, ces trois principes n'étant pas seulement rationnels, mais encore planant bien au-dessus des lois physiques, quelquefois même contraires à elles et méconnus par elles, ces trois principes sont un **Idéal**.

La devise : Liberté, Égalité, Fraternité est donc un idéal. C'est l'**Idéal français**. La France est donc une société philosophique idéaliste et non purement mécaniste ou matérialiste. Son idéalisme réside dans le Ternaire : Liberté, Égalité, Fraternité.

*Voilà la conception philosophique de la société française.*

Maintenant, rappelons-nous avoir dit au commencement du chapitre que toutes les sciences se réduisent à un petit nombre de principes généraux.

Je me propose de montrer que ces quelques principes peuvent se ramener à trois : **Liberté, Égalité, Fraternité.**

**La conception philosophique de la société française serait ainsi l'image de la conception philosophique de l'Univers.**

On peut d'abord remarquer que le nombre limité de principes qui résument toutes les sciences, peut se réduire encore à un plus petit nombre, quelques-uns n'étant que les conséquences des autres.

Il s'agit de savoir quel est le plus petit nombre auquel on puisse arriver.

Tel est le but de ce petit livre dont l'auteur a pu réduire à **Trois** le nombre des principes qui servent de base à l'ensemble des sciences.

Ce sont : l'**Unité** de la substance qui compose tous les corps ;

L'**Attraction** sympathique universelle, découverte par Newton ;

Et le **Progrès** ou évolution.

Ces trois principes sont séparément reconnus par les savants.

Aux chapitres V, VI et VIII, il est démontré d'une part qu'ils ne peuvent se réduire à un moindre nombre et qu'à eux seuls, ils engendrent, par leurs combinaisons diverses, tous les autres principes ;

D'autre part, que de ces trois *principes scientifiques* : **Unité, Attraction, Progrès,** découlent respectivement les trois **principes Idéalistes : Liberté, Égalité, Fraternité.**

**Unité.** — Les chimistes admettent que les différents corps se composent d'atomes infiniment petits et **semblables les uns aux autres,** *mais groupés de différentes façons* et soumis à des cohésions différentes, suivant leurs degrés d'attraction.

C'est dire que tous les corps se composent d'**une seule et même substance** organisée de façons différentes, que **tous les corps sont égaux par leur nature,** par leur substance et diffèrent seulement par leurs accidents ou qualités secondaires. Ainsi, de l'**Unité** de la substance dérive l'**Égalité** de tous les êtres.

Prenons les hommes par exemple : ils sont égaux à beaucoup de points de vue : devant la loi, devant les urnes électorales, etc..... Mais la base de toutes ces égalités est bien l'égalité substantielle, conséquence de l'Unité de la substance.

### L'Unité engendre l'Égalité.

**Attraction.** — De même l'Attraction sympathique universelle découverte par Newton et à laquelle sont soumis de diverses manières tous les corps, qui s'appelle tantôt gravitation, tantôt pesanteur, tantôt sympathie inconsciente, tantôt attraction sociale consciente, mais irrésistible, source et cause des sociétés d'hommes et d'animaux ; cette attraction sympathique universelle des êtres devient, quand on considère l'humanité : la sympathie fraternelle ou **Fraternité**. Cette proposition est démontrée au chapitre VI.

### L'Attraction engendre la Fraternité.

**Progrès.** — Enfin la plupart des penseurs reconnaissent le Progrès, ou évolution, ou encore transformisme.

En neuf mois, un microbe devient un être humain qui, peu d'années après, devient un homme. Du microbe inconscient à l'homme capable des pensées infinies et des sublimes dévouements, il y a évolution et **Progrès** et ce phénomène d'évolution se manifeste d'une façon plus ou moins frappante, chez tous les êtres.

La nature possède donc en elle une **vertu de Progrès** qui lui est inhérente et ne lui vient pas d'un être extérieur et parfait, dont l'existence est incompatible avec la sienne et par conséquent impossible, ainsi qu'on le verra au chapitre XII.

Il est démontré aux Chapitres V et VI que le Principe de Progrès se manifeste sous **sept formes** successives dont **la première est l'existence même** des êtres inanimés et **la septième, la volonté libre** des êtres pensants.

Le **Progrès** devient la **Liberté**.

De même que l'**Unité** devient l'**Égalité**.

Et que l'**Attraction** devient la **Fraternité**.

Si l'on remarque, en outre, que le monde a eu son **origine** dans une nébuleuse *quasi-homogène* par l'**Unité** de sa substance,

Qu'il est devenu, sous la **loi du Progrès**,

Et grâce à la **force d'attraction**,

Le monde actuel des société civilisées qui tendent de plus en plus vers le bonheur et la Perfection, on peut dire que

L'Unité est l'**origine** des choses,

L'Attraction est la **force** des choses,

Le Progrès est la **loi** des choses.

L'Unité c'est la substance dans son équilibre,

L'Attraction c'est la substance dans sa force,

Le Progrès c'est la substance dans sa marche vers la Perfection.

Que l'on considère l'éternel et universel Édifice; on voit que :

**L'Unité**, ce sont les matériaux tous tirés de la **même matière brute**, les briques toutes formées du **même mortier.**

**L'Attraction**, c'est la **force musculaire des maçons** qui meuvent, transportent et entassent les briques et les moellons.

**Le Progrès**, c'est le **grand architecte** qui dirige les efforts des maçons en vue de la réalisation du plan de l'édifice universel qu'il a conçu.

Le Progrès, c'est le grand architecte de l'Univers.

Après avoir prouvé aux chapitres XII et XIII l'impossibilité des Religions prétendues révélées, nous montrerons aux chapitres XVII, XVIII, XIX et XX, que les **Trois Principes scientifiques** : Unité, Attraction, Progrès expliquent tous les phénomènes de l'Univers, ce que n'ont pu faire les **Dogmes religieux.**

Comme, d'autre part, ces Trois principes **rationnels** engendrent l'**Idéal** : Liberté, Égalité, Fraternité,

**Leur croyance est à la fois rationnelle et idéale.**

Cette croyance étant **idéale** peut remplacer les Dogmes religieux; elle en a le principal avantage : l'idéal.

Étant **rationnelle**, elle n'a pas les inconvénients déplorables des croyances aux dogmes absurdes, inventés pour maintenir l'humanité dans l'ignorance et l'esclavage.

Enfin l'idéal vivant et vivifiant : Liberté, Égalité, Fraternité, est infiniment supérieur à l'idéal froid et sans vie des Religions prétendues révélées.

Ces Trois Principes ne sont pas un Dieu en trois personnes, en dehors de la Nature (transcendant); ils sont dans la Nature (immanents). Ils sont des propriétés, des qualités de la Nature. Ils imprègnent la Nature. Nous en sommes imprégnés.

Nous sommes imprégnés des Principes d'Unité, d'Attraction et de Progrès, qui sont les **trois racines du ternaire idéaliste :** Liberté, Égalité, Fraternité.

Ces trois derniers peuvent ainsi être comparés à

**trois fleurs** non artificielles, mais naturelles : chacune a une racine nourricière qui pénètre au cœur de la Nature, d'où elle tire le suc vivifiant.

Cette **triple racine** par laquelle le ternaire idéal : Liberté, Égalité, Fraternité, puise au sein de l'universelle nature sa sève divine, c'est le **ternaire scientifique** : Unité, Attraction, Progrès.

Le Ternaire : (Liberté, Égalité, Fraternité) idéal, mystique, planant dans les nues, est donc **relié à la nature matérielle** par un triple lien aussi intime qu'indissoluble.

**Il reçoit une Triple base scientifique et réelle qui est au cœur des choses ;** le triple principe : **Unité, Attraction, Progrès.**

**La loi de Solidarité.** — L'auteur de ce petit livre admet la solidarité qui est un fait évident et indéniable. C'est la relation nécessaire et harmonique des organes qui composent tout corps organisé, des rouages qui composent toute machine.

Mais cette relation complexe et harmonique fait précisément partie du fonctionnement du Principe de **Progrès** agissant par l'**Attraction** sur l'**Unité** primitive, pour la différencier, la compliquer, l'harmoniser.

**La Solidarité a pour base l'harmonie et pour type l'accord musical.**

Qu'on supprime une note, l'accord est rompu : Toutes les autres sont solidaires de la note disparue.

Les ouvriers d'un même atelier se considèrent avec juste raison comme solidaires les uns des autres.

**Que l'un soit offensé ou lésé, tous les autres sont menacés.**

L'offense qui a touché l'un d'eux peut en atteindre un autre.

Tous doivent donc prendre fait et cause pour l'offensé.

La lésion, la blessure d'un seul se fait sentir sur tous les autres : **l'harmonie existant entre tous les ouvriers égaux et étroitement unis n'existe plus quand l'un d'eux subit une diminution d'état ou de personnalité.**
Dans les sociétés civilisées, il en est de même des diverses parties du corps social. Que les mineurs fassent défaut, plus de métallurgie, plus de service des voies ferrées, etc...

**La solidarité suppose donc l'harmonie.**

**La solidarité suppose aussi la diversification,** ou plutôt la complication, la complexité, qui est une des conséquences de l'évolution ou du **Progrès.**

Nous verrons à la fin du chapitre V, que la **différenciation** est la quatrième manifestation du Principe de **Progrès**.

Dans l'homogène ou la différenciation, la complexité n'existe pas, la solidarité n'apparaît pas : qu'on enlève une partie dans un groupe de parties égales entre elles, les autres resteront encore égales et le groupe sera toujours homogène.

Cependant, on pourrait à la rigueur prétendre que l'équilibre de l'homogène est un cas particulier de solidarité, car si une partie est modifiée, et devient inégale aux autres, les parties ne sont plus toutes égales ; l'homogénéité et son équilibre sont rompus.

C'est vrai, mais comme dans l'homogène, il n'y a pas de mouvement, pas de vie, la solidarité dans l'homogène (c'est-à-dire l'homogène devant demeurer homogène), ne présente aucun intérêt. Nous la négligerons.

Elle représenterait l'équilibre stable que rien ne doit rompre,

L'éternelle mort que rien ne doit vivifier.

Au contraire, dans l'hétérogénéité, la complexité, il y a mouvement, il y a vie et il y a évolution.

*Dans la loi d'évolution, le point de départ est l'homogène incohérent.*

*Puis des différenciations se produisent*, d'abord désordonnées : le chaos.

Peu à peu, sous la loi du Progrès, le chaos s'ordonne, s'organise, s'harmonise.

L'organisation et l'harmonie impliquent un certain nombre d'organes différents dépendant les uns des autres, chacun étant nécessaire au bon fonctionnement des autres ; c'est-à-dire que *tous ces organes sont solidaires les uns des autres*.

Quand la complexité est harmonisée et par suite organisée, son fonctionnement est déterminé par une certaine loi.

Chaque partie a son rôle fixé et distinct des autres.

Qu'elle soit modifiée ; elle ne peut plus remplir son rôle.

Dans l'ensemble organisé, tout s'arrête aussitôt ou tout se bouleverse : toutes les parties de l'organisme sont solidaires.

Donc toutes les fois qu'il y a **organisation**, il y a **solidarité** des organes.

Les deux éléments essentiels de l'**organisation** : la *complexité* et l'*harmonie*, sont par ce fait, les deux éléments essentiels de la **solidarité**.

C'est-à-dire que la *solidarité dans la nature vivante*,

présente deux qualités essentielles qui la déterminent et la caractérisent : la *complexité* et l'*harmonie*, l'une pondérant et ordonnant le désordre de l'autre.

Nous verrons d'autre part au chapitre VIII et plus loin, que le Principe de Progrès agit toujours par organisation : **le Progrès organise**.

L'organisation présentant les deux mêmes caractères que la solidarité, **la solidarité a aussi pour cause le Principe de Progrès**.

La solidarité est donc un effet d'un des Trois Principes que nous avons dégagés de notre **conception idéaliste de l'Univers**.

Ainsi au-dessus de cette *relation mécanique de solidarité*, à laquelle tous les hommes doivent se soumettre,

Il existe un **Idéal** qui est la cause et la source de la solidarité,

Et qui explique la solidarité, comme il explique (nous le verrons plus loin) tous les phénomènes de l'Univers.

C'est l'idéal condensé dans les Trois Principes : Liberté, Égalité, Fraternité, qui prennent naissance dans le Ternaire scientifique et rationnel,

**Unité, Attraction, Progrès.**

———

# V

# LES SEPT MANIFESTATIONS DU PRINCIPE DE PROGRÈS

Ce sentiment de sympathie, que nous avons trouvé au cœur de tout homme, existe aussi chez d'autres êtres, capables comme l'homme, d'aimer leurs semblables.

Et de même que Copernic a replacé à son rang de modeste planète, dans l'harmonie universelle, la Terre considérée comme centre du monde ; de même aussi la science a rendu à l'homme sa place dans l'échelle des êtres.

Elle ne connaît plus l'âge d'or où Adam est sorti parfait des mains de Dieu. L'humanité a au contraire, évolué lentement d'un état inférieur et innommé, pour arriver à la civilisation actuelle. Elle est le produit spontané de la nature qui l'a élaborée conjointement avec d'autres êtres dont elle dépend et que nous devons étudier, si nous voulons connaître parfaitement l'homme.

Il est facile de prévoir que si la sympathie joue un rôle prépondérant dans l'humanité, elle doit avoir une importance aussi grande dans la nature qui a produit l'humanité.

Je l'ai dit plus haut, la conception que nous nous ferons de l'*Attraction sympathique* des hommes et des autres êtres, dans ses lois intimes et ultimes, contribuera à déterminer la conception que nous allons nous faire du Monde et du Moi.

Nous constatons que les animaux ont une tendance à sympathiser par espèce. Les naturalistes montrent que c'est un fait général non seulement dans le monde organisé, mais encore dans le monde inorganique. Les cristaux s'agrègent entre eux par systèmes. D'insensibles parties d'atomes similaires se groupent pour former des atomes soit d'hydrogène, soit d'oxygène, soit d'azote.

— Nous allons étudier ce qu'est cette *attraction sympathique* chez l'homme et nous prouverons ensuite qu'elle est de même nature que celle de tous les autres êtres.

D'après la science sociologique, l'homme se sent attiré par la société de ses semblables, d'une façon aussi invincible que désintéressée.

*Une loi impérieuse d'***Attraction** *sympathique régit donc l'humanité.*

Comme la nature ne fait pas de sauts, cette loi d'attraction sympathique s'étend de proche en proche aux êtres dont l'humanité est le prolongement.

D'abord brutale et fatale dans le règne inorganique, elle devient peu à peu sentimentale, idéale et libre au fur et à mesure qu'on monte dans l'échelle des êtres organisés jusqu'à l'homme.

Il existe donc un *Principe général d'Attraction cause immatérielle ou spirituelle* de toutes ces attractions sympathiques particulières. Nous démontrerons au chapitre V que c'est la seule cause des forces qui font mouvoir le monde.

Mais l'*Attraction* n'est pas le seul principe qui régisse le monde; il existe aussi des *répulsions* qui doivent avoir **une cause distincte de l'Attraction**, cette deuxième cause générale est complexe, et se compose, comme nous allons le voir, de *sept causes secondaires* et particulières. C'est le *Principe de* **Progrès**, *cause immatérielle ou spirituelle* qui diversifie à l'infini les forces de la Nature, depuis l'Attraction jusqu'à la Répulsion.

— L'amour que nous *sentons* pour nos semblables, résulte de la sympathie, c'est-à-dire de cette tendance naturelle que nous avons à partager certaines émotions éprouvées par d'autres.

On peut dire que la sympathie est une *Attraction*

de sentiments semblables pour des sentiments semblables.

— La tristesse nous rend tristes, la joie nous rend joyeux. Quand nous voyons souffrir un de nos semblables, n'éprouvons-nous pas un sentiment de pitié et de commisération? Si nous le voyons secouru, nous aimons le bienfaiteur : si nous le voyons victime, nous haïssons le persécuteur.

Si nous le haïssons, c'est par ce qu'il persécute un de nos semblables pour lequel nous avons un sentiment naturel de sympathie. Nous l'aimerions aussi d'un amour naturel, ce persécuteur, s'il ne se rendait pas odieux à nous.

La haine n'est donc pas un sentiment naturel existant par lui-même, comme l'amour. **On aime spontanément sans raisons, on ne hait pas sans raison.** La haine ne se manifeste pas spontanément, elle a besoin, pour se manifester, d'un accident qui la provoque. Elle pourrait ne se manifester jamais. Elle n'est pas nécessaire, innée au cœur de l'homme, tandis que l'amour est nécessaire et inné. L'homme est tellement peu fait pour haïr, sa nature est tellement incompatible avec la haine, qu'il souffre de sa haine, tandis qu'il est heureux de son amour.

Comment se fait-il que la haine, qui est incompatible avec la nature humaine puisse, à un certain moment, y germer et s'y développer? D'où vient elle?

Se trouve-t-elle créée tout à coup ? Ou bien est-elle le résultat d'un sentiment antérieur transformé ?

Evidemment, il est contradictoire qu'elle puisse naître spontanément dans une nature qui lui est incompatible. Il faut donc qu'elle soit le résultat d'un sentiment antérieur transformé.

Je vais montrer que ce sentiment antérieur est précisément la sympathie.

Si nous détestons un de nos semblables, c'est parce qu'il s'est rendu odieux à nous, en violant les lois de la sympathie qui nous est naturelle. C'est notre sentiment de sympathie lésé et pour ainsi dire rendu morbide, qui devient la haine.

**La haine, c'est donc l'amour transformé.**

Ainsi, avant de haïr quelqu'un, nous l'avons aimé consciemment ou inconsciemment. *Notre amour s'est porté vers lui pour le pénétrer.* Mais, par suite de la *dureté* de son cœur et d'une sorte *d'impénétrabilité*, notre amour repoussé a rebroussé chemin et a été renvoyé sur nous en nous produisant la sensation puis le sentiment de haine.

Cette *impénétrabilité* provient de ce que chez le sujet, la *Puissance exclusive et égoïste de vivre et de se conserver* est trop vigoureuse et trop vivace, comme nous allons le démontrer dans la suite.

— Cette *impénétrabilité* est donc irréductible à l'*Attraction* sympathique.

D'un autre côté, par elle combinée avec l'*Attraction*, on peut expliquer tous les sentiments, depuis l'amour jusqu'à la haine.

— Pour prouver que l'*Attraction* sympathique est bien la seule force active produisant tous les sentiments, il faut prouver que l'*impénétrabilité* n'est pas un principe de force active, mais seulement de *résistance* et en même temps de *différenciation*.

— Mais, pour cela, nous sommes obligés de nous livrer à des considérations générales nécessaires à la démonstration qui va suivre.

La Substance, c'est-à-dire ce qui existe par soi, se manifeste à nous de trois manières, de trois modes qui résultent de trois propriétés inhérentes à la Substance.

Nous démontrerons plus loin que ces trois Attributs existent réellement et qu'ils sont irréductibles.

Ce sont : l'**Unité** ou homogénéité, l'**Attraction** sympathique et le Principe de **Progrès**.

Puisqu'ils doivent rendre compte de tous les phénomènes par lesquels se manifeste la Substance, il en résulte forcément que l'*impénétrabilité*, irréductible à l'*Attraction* et nécessaire à l'explication des sentiments, est la conséquence d'un des deux autres Attributs : l'*Unité* ou le *Progrès* ou des deux combinés.

Eh bien ! nous allons voir que cette *impénétrabilité* est la conséquence rigoureuse du Principe de Progrès et qu'on peut expliquer tous les sentiments et même tous les mouvements de l'Univers par l'*Attraction* sympathique et le Principe de *Progrès* rompant l'équilibre de l'*Unité* homogène.

**Le Progrès est un principe de développement immanent qui se déduit logiquement et rigoureusement du seul fait de l'existence de l'Être.**

Ce développement est, en même temps *nécessaire*, c'est-à-dire que, par le seul fait qu'il *existe* réellement des êtres, et qui ont la propriété de *s'attirer*, ils doivent se développer d'une certaine façon. Et cette façon est déterminée par une *certaine* manière d'être de la *tendance à la différenciation* résultant de l'existence réelle. Cette *certaine* manière d'être est telle (par suite de la tendance nécessaire et invincible de tout être vers le bonheur), que ce développement immanent s'effectuera *nécessairement* pour le moins grand mal du Grand-Tout, c'est-à-dire se dirigera *nécessairement* vers la perfection.

Dans tout cela, on le voit, il ne reste aucune place pour le terrible *Hasard* ou la *Fatalité* mauvaise. Tout est déterminé, et **nécessairement** pour le plus grand bien de Tout.

Voyons maintenant comment un Être, par le seul fait de son existence réelle, a des qualités qui se déduisent rigoureusement les unes des autres, suivant un développement immanent et nécessaire, en *sept manifestations* dont chacune est une conséquence de la précédente.

**Les quatre premières manifestations du Principe de Progrès** vont être exposées immédiatement, mais les **trois dernières** ne pourront être comprises qu'au chapitre suivant, après que nous aurons démontré certaines propriétés du Principe d'*attraction*.

D'abord, il est évident que si un être existe, c'est qu'il a la *Puissance d'exister*.

La *Puissance d'exister* est un principe immanent et non émanent comme l'*Attraction* ; il n'agit pas au dehors mais au dedans de l'Être. Ce n'est pas une force au sens de : capacité de produire des mouvements ou des sentiments comme l'*Attraction*.

La *Puissance d'exister* est la *première phase* du développement immanent et *nécessaire* dont le Principe, que j'ai appelé Progrès, est inhérent à la Substance.

De cette première phase s'en déduit *nécessairement* une deuxième. En effet, la première manifestation de la *Puissance d'exister*, c'est l'*impénétrabilité*, la dureté, la résistance : nous ne savons qu'une chose existe que par la résistance qu'elle nous oppose. Être, c'est résister, *c'est ne pas se laisser pénétrer*, ne pas se laisser absorber. Si les êtres n'étaient ni impénétrables, ni résistants, ils pourraient tous rentrer dans un seul, qui serait indéfiniment compressible et par conséquent réductible au néant.

Donc l'impénétrabilité est une propriété nécessaire de l'Être.

C'est la *deuxième phase* du développement immanent et nécessaire du Principe du *Progrès*.

De *l'impénétrabilité* résulte la *Puissance de se conserver* la tendance invincible à durer.

En effet, si un être est impénétrable, rien ne pourra l'entamer, puisque rien ne pourra le pénétrer.

La *Puissance de se conserver* est la *troisième phase* du développement immanent et *nécessaire* du Principe de *Progrès*.

Il résulte de ce qui précède, que la *Puissance d'exister* et celle de ne pas se laisser *pénétrer*, n'agissent qu'au dedans de l'Être, et non au dehors, comme des Forces. Elles ne créent pas de mouvement, ni par conséquent de sentiment.

Mais, par le fait de l'obstacle impénétrable qu'elles opposent, elles peuvent *transformer un sentiment déjà existant* et lui faire, pour ainsi dire, rebrousser chemin, le changeant en sentiment contraire : l'*impénétrabilité* d'un cœur, opposant obstacle insurmontable à l'amour qui lui était envoyé, oblige cet amour à retourner à son point de départ, où il est transformé en haine ; mais elle n'agit pas au dehors en tant que force *produisant* directement cette haine.

Ainsi, la haine c'est l'amour transformé. Et, comme tous nos sentiments ne se composent que de sympathie ou d'antipathie diversement combinées, il en résulte que tous nos sentiments se composent exclusivement de sympathie diversement transformée par la dureté et l'*impénétrabilité* résultant directement de la *Puissance d'exister* des autres êtres.

Par conséquent, la *sympathie* innée en notre cœur est **la seule source de tous les sentiments,** quels qu'ils soient, qui émanent de nous. C'est par elle que nous rayonnons au dehors, que nous attirons et que nous sommes attirés, en un mot, que nous nous *manifestons* comme *Force morale*.

C'est la seule force par laquelle nous puissions produire quelque chose en dehors de nous *dans l'ordre du monde moral*.

Par son *impénétrabilité* passive, sorte de *force d'inertie jalouse*, la *Puissance d'exister* est, en principe, *exclusive* et *égoïste*.

Après s'être manifestée d'une façon passive par sa *force d'inertie*, son *impénétrabilité*, la *Puissance d'exister* se manifeste ensuite d'une façon *active* non par elle-même, mais par le *Principe de développement immanent qu'elle renferme nécessairement.*

— En effet, la *Puissance d'exister* étant *exclusive* et *égoïste* et l'Être étant *impénétrable*, il en résulte forcément que cet être a une *tendance à ne pas se confondre avec les autres êtres*, à se *différencier* d'eux.

Donc, dans la *Puissance d'exister*, se trouve nécessairement le principe, le germe de cette *différenciation* qui doit rompre l'équilibre de l'*Unité* homogène, égale, et engendrer l'hétérogénéité, l'inégalité.

La *tendance à la différenciation* est la *quatrième phase* de développement immanent et nécessaire du Principe de *Progrès*.

C'est une *tendance à la différenciation* inhérente à la *Puissance d'exister* qui est la cause du nombre infini de manifestations différentes de la sympathie, depuis l'amour jusqu'à la haine. Et qui, d'une source unique de force, fait découler une infinie variété de mouvements.

Je vais plus loin : elle est la cause non seulement de la variété des mouvements, mais de la manifestation elle-même de ces mouvements ou sentiments.

Car, si tous les êtres étaient identiques, l'*Attraction* sympathique étant la même pour tous, leur amour resterait fixe, et, par conséquent, ne se manifesterait pas d'une façon sensible. D'ailleurs, si tous les êtres étaient identiques, ils ne seraient qu'un seul être réduit à s'aimer lui-même d'un immobile et insensible amour.

De sorte que, par le fait de l'existence réelle de l'Être,

La *continuation immanente* de la Puissance d'exister et de l'impénétrabilité égoïste, *en tendance, de plus en plus égoïste, à la séparation et à la différenciation*, est la cause de la manifestation sensible de *tous les sentiments existant en puissance dans l'attraction sympathique*.

Mais dira-t-on, pour rendre l'*Attraction* différentielle, d'homogène qu'elle était, il a fallu primitivement rendre les masses hétérogènes ; puisque la Force d'attraction dépend des masses ; et, pour rendre les masses hétérogènes, d'homogènes qu'elles étaient, il a fallu les déplacer, leur donner le mouvement.

Il faut donc que le Principe de *Progrès* soit une force pouvant *créer le mouvement*. Alors il a une propriété commune avec l'*Attraction*, il ne lui est donc pas irréductible.

A cela je répondrai que le Principe de *Progrès* n'a différencié ni les masses avant l'attraction, ni l'attraction avant les masses. Mais que les *masses et leur attraction immanente se sont différenciées simultané-*

ment *de toute éternité, sous l'influence du Principe de Progrès inhérent à la substance.* Ce principe n'a créé aucun mouvement, aucune Force, car la Force et le mouvement sont, d'après notre raison (dont les données ont été légitimées), incréées et incréables, et par conséquent immuables en quantité (je veux dire en valeur absolue), de toute éternité.

Mais si leur somme est constante, c'est-à-dire *Égale* et *Une*, leurs parties peuvent se *diversifier* en différents points *sans création*, sous l'influence initiale du Principe de *Progrès* en vue du moins grand mal du Grand-Tout, d'après la *tendance invincible de tout être vers la Béatitude et la Perfection.*

# VI

# SYMPATHIE UNIVERSELLE

**Comment l'Attraction sympathique est la Cause Une de tous les mouvements dans le monde physique et moral.** — Dans ce qui précède, quoiqu'il se soit agi, en principe, surtout du *monde moral*, nous avons souvent, à dessein, remplacé sentiments par mouvements, hommes par êtres inanimés, pour bien montrer que l'*Attraction* sympathique est la seule Force, cause de tout mouvement comme de tout sentiment dans le monde matériel aussi bien que moral.

**Les mouvements sont les sentiments des êtres matériels, comme les sentiments sont les mouvements des êtres spirituels.**

Nous allons prouver que cette théorie s'applique en effet *à tous les êtres de la nature*, depuis l'*Atome*, jusqu'à l'*Astre*, en passant par l'*Humanité*.

Beaucoup de psychologues admettent deux principes irréductibles produisant tous nos sentiments;

la sympathie et l'antipathie. De sorte qu'il existerait deux catégories de sentiments irréductibles l'une à l'autre.

Nous savons que l'antipathie n'existe pas, en tant que force capable de produire directement les sentiments, que la haine c'est l'amour renvoyé en sens inverse, après avoir heurté violemment un obstacle impénétrable.

De même en physique, la Répulsion apparente c'est l'*Attraction* transformée en sens inverse, par le choc d'un obstacle insurmontable et *impénétrable*.

Et comme tous les mouvements résultent des diverses combinaisons de l'*Attraction* et de la Répulsion apparente, il s'en suit qu'ils ont tous pour cause unique l'*Attraction* diversement modifiée par des obstacles inertes et *impénétrables*.

Pour bien comprendre comment l'attraction peut être transformée en sens inverse par un obstacle, il faut remarquer d'abord que l'*Attraction* étant une propriété inhérente à la matière et que la matière (*qui ne peut être ni créée ni détruite*), demeurant *constante dans sa somme*, il en résulte que l'*Attraction intégrale* est constante. Et que la *somme en valeur absolue* des mouvements dont l'*Attraction* est cause, est aussi constante.

Donc un mouvement existant ne peut pas être

anéanti, mais seulement modifié ou transformé sans que sa *valeur absolue* varie.

De plus, nous avons vu que par le fait qu'un être existe, il est *impénétrable*, sans quoi, tous les êtres étant soumis à l'*attraction* de toute éternité, seraient depuis une éternité, broyés les uns contre les autres jusqu'à leur réduction au néant. Et cela, par suite de la tendance à la différenciation qui, nous le savons, est la *quatrième manifestation* du Principe de *Progrès*, et dont l'effet est de concentrer la substance sur certains points où se portera la Force d'*Attraction* qui arriverait à réduire la Substance au néant. La Substance ne doit donc sa conservation qu'à une des manifestations du Principe de *Progrès*: *l'impénétrabilité*.

Ainsi *l'impénétrabilité* inhérente à la *Puissance d'exister* qui, nous le savons, est la *deuxième manifestation* du Principe de *Progrès*, est en même temps un obstacle insurmontable à l'Attraction.

**Le mouvement vibratoire.** — Ceci posé, soient deux éléments A et B *simples* et *indivisibles*. Pour mieux saisir les faits, nous supposons par abstraction, que A *soit fixe* et B *mobile*. La Force d'*Attraction* précipitera B sur A, mais par suite de l'impénétrabilité, il ne pourra pas passer au travers, il sera donc invinciblement arrêté. Pourtant son mouvement ne peut pas être anéanti. Que va-t-il devenir? Il ne peut que se transformer en mouvement inverse (car le choc a été nécessairement normal à l'élément *simple* A) et B sera renvoyé au point de départ. Tout cela sans que A soit doué de la moindre Force de Répulsion, mais seulement d'une impénétrabilité qui le fait se conserver et l'empêcher d'être broyé et anéanti par le choc de B.

Supposons qu'en retournant à son point de départ, B rencontre un autre obstacle *simple et fixe* C, également *impénétrable*. Alors B retournera sur A et son mouvement deviendra rythmique ou oscillatoire. Si A et C sont infiniment rapprochés, le mouvement oscillatoire s'appelle *vibratoire*.

Si B est soumis à l'*Attraction* d'un ou de plusieurs autres points, son mouvement vibratoire rectiligne s'infléchira et deviendra curviligne. Et si ces centres d'attraction ne sont pas dans un même plan, les vibrations se produiront suivant une courbe gauche et par conséquent, d'après le principe de la continuité du mouvement, elles *se propageront suivant une courbe gauche*.

On sait que le mouvement curviligne le plus général peut être, à chaque instant, considéré comme le résultat de l'action de deux forces; l'une tangentielle et l'autre normale, ou de l'*Attraction* de deux points. Donc, tout mouvement peut être expliqué par des *Attractions*. Mais dans le mouvement vibratoire, il faut ajouter à l'*Attraction*, la résistance du milieu, l'*impénétrabilité* des éléments dont se compose la substance.

*L'impénétrabilité est la deuxième manifestation du Principe du Progrès ; elle est une cause non de mouvement, mais de modification de mouvement.*

D'un autre côté, nous avons démontré au chapitre VI que l'*Attraction sympathique* est la source unique de tous les sentiments jusqu'aux courants d'opinions, c'est-à-dire de tous les mouvements qui peuvent se produire dans le monde moral.

*Ainsi l'Attraction est bien la cause une de tous les mouvements dans le monde physique comme dans le monde moral.*

**Chaleur, Lumière.** — Dans la démonstration précédente, nous avons supposé que les obstacles A et C entre lesquels oscille B sont fixes. En réalité, ils ne le sont jamais, ils se meuvent sous le choc de B qui, dans son mouvement indestructible ne pouvant ni les pénétrer ni les traverser, tend à les écarter l'un de l'autre. L'amplitude des oscillations de B tendra à s'agrandir. Il en sera de même de tous les éléments composant un corps complexe, qui, vibrant nécessairement par suite de l'*Attraction* et de l'*impénétrabilité*, auront une tendance à agrandir l'amplitude de leurs oscillations. Le corps complexe sera doué d'une *force d'expansion*.

Cette *force d'expansion* n'est donc, dans sa complexité, que la Résultante du regrés de l'Attraction devant l'impénétrabilité des éléments infiniment petits qui composent les corps.

On peut observer que cette *force d'expansion* est identique aux phénomènes que nous appelons *chaleur* et *lumière*.

La chaleur et la lumière étant des forces d'expansion, c'est-à-dire les éléments d'un corps lumineux ayant une tendance invincible à agrandir l'amplitude de leurs oscillations, les points de la surface de ce corps lumineux communiqueront leur mouvement aux éléments ambiants qui se le transmettront de proche en proche.

Nous avons vu plus haut que les vibrations dans un corps complexe ont lieu et se propagent suivant une courbe gauche ou plutôt décrivent des arcs infiniment petits, *analogues à des arcs d'hélice*. Chaque point de la surface d'un corps lumineux transmettra donc son mouvement vibratoire aux éléments ambiants suivant des arcs infiniment petits d'*une sorte d'hélice*.

En vertu de la force d'expansion inhérente aux phénomènes chaleur et lumière, et en vertu du principe de la continuité du mouvement, *les vibrations émanant de chaque point de la surface d'un corps lumineux, se propageant de proche en proche, suivant une sorte d'hélice, sembleront obéir à une progressive propulsion* partant du centre lumineux.

Étant donné le caractère infinitésimal du mécanisme des phénomènes naturels, le pas de l'hélice sera tellement faible que la courbe hélicoïdale semblera perpendiculaire à son axe. *Le sens des vibrations sera sensiblement transversal* par rapport à celui de la propagation de la lumière, laquelle, je le répète, semble obéir à une progressive propulsion partant du centre lumineux.

Par le fait de la résistance du milieu ambiant, cette propulsion progressive ne sera pas continue mais rythmique. *Elle se composera de poussées périodiques.*

Si le milieu est homogène, tous les points à une même période de vibrations formeront une surface continue : *surface d'onde* qui, par poussées périodiques, se propagera par *oudulations.*

La théorie actuelle de la lumière peut donc s'expliquer par l'*Attraction* et l'*impénétrabilité.*

Il en est de même de la télépathie.

**La Télépathie.** — Deux personnes sont unies par des liens très étroits du sang ou de l'affection. Puis elles se séparent et s'éloignent l'une de l'autre. L'une est frappée par une catastrophe brusque, la mort par exemple. Il arrive quelquefois que cette catastrophe impressionne l'autre au même instant. Ainsi certaines personnes ont connu instantanément la mort de leur père ou de leur mère, éloignés d'elles par des centaines de lieues.

C'est cette sympathie à distance qu'on appelle *télépathie*.

— La télépathie est donc une sympathie.

— Pour expliquer ce phénomène extraordinaire, il faut d'abord se rappeler que, dans un milieu isotrope, de même qu'un point lumineux propage en tous sens des ondes lumineuses, de même *un être sympathique propage des ondes sympathiques*. Mais, dans la nature, les milieux ne sont pas isotropes, ils sont au contraire hétérogènes, diversifiés par la *tendance à la différenciation* qui les rend de plus en plus complexes par suite de la *multiplication des effets*.

Il en résulte que les ondes sympathiques sont des surfaces très irrégulières, mais, en général, fermées. A leur intérieur, tous les individus qui seront, au point de vue des vibrations sympathiques, isochrones de l'individu propagateur, seront impressionnés.

Supposons que dans la surface résistante à l'onde sympathique, il se produise une fistule, ou chemin de moindre résistance. Alors la surface d'onde sympathique crèvera en ce point, si je puis m'exprimer ainsi, et un courant de sympathie s'échappera par cette fistule en suivant ce chemin de moindre résistance.

Maintenant, rappelons-nous que si deux êtres télépathisent, c'est qu'ils ont été à un certain moment étroitement *unis* par les liens du sang ou d'une forte affection. Quand ils se sont séparés et éloignés l'un de l'autre, ils ont eu à traverser des milieux sympathiques plus ou moins résistants dans lesquels ils ont creusé comme une sorte de sillon. *Ce sillon qui les unit* constitue un chemin de moindre résistance par lequel les ondes sympathiques, ainsi que nous venons de le voir, laisseront échapper un courant de sympthie qui reliera les deux êtres. Lorsque l'un ressentira une sensation suffisamment forte, il la transmettra à l'autre qui la percevra instantanément.

### Électricité, Vie, Conscience, Pensée. —
Nous savons que la *tendance à la différenciation est la quatrième manifestation du Principe de Progrès*.

Une fois la différenciation commencée, elle augmente ensuite, d'après le principe de la multiplication des effets, avec une rapidité et une complexité de plus en plus intenses.

La différenciation des mouvements vibratoires augmentera suivant la même loi. Ces mouvements se compliquent de plus en plus sous l'influence du *Progrès*, il arrive qu'après avoir été *chaleur et lumière*, ils produisent peu à peu les phénomènes : *électricité, vie, conscience, pensée*.

Ces phénomènes mystérieux n'ont donc que trois causes primordiales : l'*Attraction* et le *Progrès* différenciant l'homogénéité, l'*Unité* de la substance.

**L'Élasticité**. — Si les éléments qui composent un corps complexe ont une tendance à agrandir l'amplitude de leurs oscillations, à plus forte raison ont-ils une tendance à ne pas laisser diminuer cette amplitude et à la recouvrer dès que l'obstacle comprimant cède sous leur effort.

Cette tendance à recouvrer l'amplitude des oscillations comprimées, s'appelle *élasticité*.

*L'élasticité est donc un cas particulier de la force d'expansion* résultant de l'impénétrabilité, deuxième manifestation du Principe de Progrès.

La bille de billard, par son élasticité, semble repousser l'autre bille lancée sur elle.

Je dis *semble repousser*, car en réalité, c'est l'*Attraction* transformée en sens inverse par *l'impénétrabilité des éléments simples*,

*Et l'élasticité des corps complexes*,

Qui nous apparaît comme une *Répulsion*.

*L'élasticité*, cause de la répulsion qui suit le choc des corps inorganiques, joue donc dans le *monde physique*, un rôle analogue à celui de l'*égoïsme dans le monde moral*,

Puisque c'est l'*égoïsme* qui est la cause de l'*antipathie* chez les êtres pensants.

Or, on l'a vu au chapitre V, *l'égoïsme est le caractère général des quatre premières manifestations du Principe de Progrès.*

**Les trois dernières manifestations du Principe de Progrès.** — *La tendance à la différenciation qui est la quatrième manifestation du Principe de Progrès, a pour conséquence nécessaire la Formation de centres d'Attraction diversement prépondérants.*

Car, par le fait que l'homogène se différencie, la substance sera plus dense sur certains points, lesquels auront, *ipso facto*, une puissance d'attraction plus forte, qui, alors, se manifestera sensiblement en attirant à ces centres les éléments des régions voisines qui seront ainsi appauvries,

*La formation des centres d'attraction est la cinquième manifestation du Principe de Progrès.*

Ainsi qu'on vient de le voir, dès qu'il y a inégalité parmi les êtres, sous l'influence du Principe de *Progrès*, *l'Attraction*, qui était en puissance dans l'*Unité* homogène, rentre en activité. Mais comme chaque être la possède proportionnellement à sa masse, les êtres les plus forts tendront à s'ajouter les plus faibles, c'est-à-dire à s'accroître.

A mesure qu'on passe du monde inorganique au monde organisé, puis conscient, cette *tendance à s'accroître en quantité matérielle*, par *l'attraction*, devient peu à peu une tendance à s'accroître en *quantité et en qualité de mouvement vibratoire*, ce qu'on appelle la *tendance à être heureux*.

Cette tendance a besoin, pour se réaliser, de l'*attraction sympathique*, puisqu'elle a pour but une augmentation de masse ou de mouvement, ce qui, nous l'avons vu, ne peut se faire que par *l'attraction qui est la seule force*.

Malgré cela, cette *tendance à s'accroître et à être heureux* est, par essence dans chaque être, *exclusive et égoïste*. Elle tend à augmenter cet être aux dépens des régions voisines, qu'elle appauvrit en soustrayant soit leurs masses soit leurs mouvements.

C'est une sorte de *sélection naturelle, de lutte pour la vie* dans le règne minéral. (Voir la fin du chapitre XVIII.)

La tendance à s'accroître a, en elle-même, quelque chose d'*invincible* et de *fatal*. On sent qu'elle tient d'un Principe qui est au cœur des choses.

*La tendance invincible à s'accroître et à être heureux est la sixième manifestation du Principe de Progrès.*

Enfin, par suite de la tendance exclusive et égoïste à se *différencier*, qui, continuant toujours d'agir, produit d'après la théorie de la multiplication des effets, une *hétérogénéité* toujours croissante et, nécessairement, nous l'avons vu dans le sens de la Perfection,

Chez les êtres supérieurs, insensiblement élaborés sous l'influence du principe de *Progrès*, les mouvements vibratoires primitivement simples, deviennent le phénomène qu'on appelle la pensée.

La mystérieuse, la sublime pensée qui fait que nous pouvons délibérer avant d'agir, que nous comprenons nos actes, et par conséquent que nous en sommes maîtres.

Nos tendances précédentes qui avaient en elles quelque chose d'invincible et de fatal, peuvent maintenant, par le fait qu'elles sont éclairées par la pensée, se diriger elles-mêmes.

Elles peuvent même dépouiller leur atavique caractère exclusif et égoïste, pour devenir généreuses et altruistes.

*Elles sont libres.*

**La Volonté libre est la septième et dernière manifestation** du *Principe de développement immanent et nécessaire que j'ai appelé* **Progrès**.

Les sept manifestations du Principe de Progrès peuvent donc se récapituler ainsi qu'il suit :

1° Puissance d'*exister* ;

2° *Impénétrabilité* des éléments simples donnant lieu à *l'élasticité des corps complexes* ;

3° Puissance de se *conserver* des éléments simples donnant lieu à *l'instinct de la conservation* chez les animaux ;

4° Tendance à la *différenciation* ;

5° Formation de *centres d'attraction* ;

6° Tendance à *s'accroître* des êtres inférieurs donnant lieu à la *tendance à être heureux* des êtres supérieurs ;

7° Volonté *libre* des êtres pensants.

Dans tout ce qui précède, nous avons tout expliqué rationnellement par l'*Attraction* modifiée suivant les **sept manifestations** du Principe de *Progrès* rompant l'équilibre de l'égale et homogène *Unité*.

Le principe de **Progrès**, dont nous venons de voir les **sept manifestations** dans son développement immanent, qui s'accomplit suivant les lois de la *Mécanique*, est par essence *irréductible à la Mécanique* et au-dessus de ses lois, à la *Vérité* desquelles il donne la *Fécondité*.

Ce Principe, qui se trouve au fond, au cœur de tout être, depuis l'homme jusqu'à l'atome, c'est, nous l'avons vu, le principe par lequel nous existons et nous tendons vers la Béatitude.

Nous savons que c'est grâce à ce principe, dont l'essence est la *différenciation*, que le mouvement s'est manifesté dans l'Univers, au lieu de rester éternellement en puissance dans l'*Attraction* égale et une de tous les êtres plongés pour jamais dans l'immobilité de l'*Homogène* et de l'*Unité* inféconde.

L'**Unité** *inféconde a reçu la fécondité de* l'**Attraction** *et a été fécondée par le* **Progrès**.

L'accomplissement d'aucun de ces actes n'a été antérieur à l'autre, *ils ont été réalisés simultanément de toute Éternité*.

*Le principe de Progrès, en tant que se sentant lui-même en nous, c'est ce que nous avons appelé le* **sens inconditionné**.

C'est grâce à lui que nous avons démontré *l'existence réelle du monde matériel*.

La difficulté qu'ont éprouvée tous les philosophes à démontrer cette existence réelle du monde extérieur à notre moi, vient de ce que si notre moi, en tant que *Puissance d'exister*, a une tendance à se *différencier* du reste de la nature, en tant que substance soumise à l'*Attraction* sympathique, il a, au contraire, une tendance à sympathiser, à s'identifier avec les autres êtres, pour former une *Unité* homogène.

La tendance à la sympathie nous fait *illusion*, et, comme par une sorte de miroir, nous fait voir le monde extérieur comme s'il était au dedans de nous. Mais c'est une *illusion* venant de *l'observation directe de ce qui est incertain* a priori, c'est-à-dire *de l'objectif.*

Nous avons vu comment nous sommes arrivés à nous dégager de cette *illusion* en nous abîmant pour ainsi dire, par la méditation, dans la *réalité subjective,* notre Moi dans ce qu'il a de certain *a priori* : le **sens inconditionné**, c'est-à-dire notre *Puissance d'exister* se sentant elle-même, par sa *tendance invincible vers le Bonheur,* tendance qui est la *sixième manifestation du Principe de Progrès.*

C'est donc grâce à ce Principe que nous avons légitimé, avec les données des sens, les idées de la raison, les opérations de la faculté discursive et par conséquent toutes les *sciences.*

Le Principe de *Progrès* est ainsi la clé du *monde intellectuel.*

On vient de voir que ce même Principe, dans sa *deuxième manifestation : l'impénétrabilité,* combiné avec l'*Attraction sympathique,* explique tous les mouvements du *monde matériel,* aussi bien que tous les sentiments du *monde moral.*

**Sympathie Universelle.** — On peut nous reprocher d'avoir, jusqu'ici, souvent confondu les mouvements et les sentiments, le moral et le matériel et d'avoir pris pour une identité ce qui n'était qu'une analogie.

Il s'agit de montrer que l'Attraction *mécanique* et l'Attraction *fraternelle* sont, non pas analogues, mais bien de même nature, que c'est chez tous les êtres, la même *Attraction*, dans son essence, qui règne.

En effet, la science n'admet plus, dans la Nature, d'espèces tranchées : on passe d'un groupe d'individus à un autre, d'une façon infinitésimale et par gradations imperceptiblement descendantes de l'homme à l'atome.

Quand je dis *infinitésimale* et *imperceptible*, c'est au sens rigoureux du mot. S'il existe des lacunes, ce sont des espèces disparues, mais dont l'existence passée est prouvée par la Science.

Eh bien ! en parcourant cette échelle depuis l'homme jusqu'au protoplasma, il est rigoureusement impossible de déterminer le moment où cette *Attraction sympathique et fraternelle* change de nature, puisque la distance d'un degré à l'autre est imperceptible.

Donc, il est rigoureusement certain que la Force qui porte l'homme à se grouper en nations et les animaux semblables en troupeaux, est la même que celle qui groupe les cellules de protoplasma en masses homogènes, et les insensibles éléments similaires en parties prétendues indivisibles de corps prétendus simples.

D'après la science actuelle, les atomes des corps simples sont composés d'infiniment petits éléments égaux (groupés par des *cohésions différentes*) d'une substance homogène et *Une*.

Les cohésions viennent de l'*Attraction* et leurs différences du Principe de *Progrès*.

Maintenant que l'*Attraction* sympathique est démontrée être en principe de même nature dans tout l'Univers, on ne peut s'empêcher d'admirer avec quelle *variété* elle se manifeste, depuis la force mécanique et fatale du monde inorganique jusqu'à ce sentiment humain, conscient, s'élevant de l'abject au sublime, susceptible d'être éclairé par l'Intelligence et dirigé par la Volonté.

Je vais montrer comment se produit cette *infinie variété dans une* **Force Une**.

Si je considère deux éléments supposés simples et insécables, leur *Attraction* réciproque est peu complexe.

Dans deux cellules, elle l'est davantage.

Dans deux êtres humains composés de cellules tout à fait dissemblables, l'*Attraction* réciproque devient d'une complexité capable de rebuter toute étude et réfractaire à toute analyse.

Cependant, prenons d'abord deux molécules inorganiques.

Elles sont composées d'éléments, en principe simples, infiniment petits, qui sont doués d'*Attractions* infiniment petites, chacun pour tous ceux de l'autre molécule.

Dans chaque molécule, toutes ces *Attractions*, tellement faibles qu'on peut qualifier d'impondérables les éléments qui en sont doués, ont pour chaque élément d'une molécule, par rapport à l'ensemble de ceux de l'autre molécule, une Résultante. Toutes ces résultantes passent par un *point fixe : le centre d'Attraction de la molécule inorganique.*

Lorsque l'*Attraction* prend le nom de *pesanteur* ou de gravité, ce point fixe devient le *centre de gravité.*

Le centre de gravité est donc, dans le règne inorganique, un cas particulier du *centre d'Attraction.*

La *cellule vivante* se compose de molécules inorganisées. Dans une cellule par rapport aux autres cellules, les résultantes des Attraction des molécules se composent de nouveau en une Résultante plus générale.

Comme on passe du monde inorganique au monde organisé d'une façon infinitésimale et imperceptible, il n'y pas de raison pour ne pas admettre que cette dernière résultante passe par un point fixe comme dans les cas précédents du règne inorganique. Il est évident qu'ici les Résultantes partielles des attractions des molécules sont de même nature que dans la molécule isolée. Cette nature, qui n'est que modifiée dans ses *accidents* par le mode de mouvement vibratoire qu'on appelle la *vie* des cellules, demeure la même.

Le point fixe par lequel passeraient toutes les Résultantes des *Attractions* d'une cellule, pour toutes les autres, je l'appellerai le **centre de sympathie** de la *cellule vivante*.

De même l'*homme* est composé de *cellules vivantes* de plus en plus *différenciées* sous l'influence nécessaire et immanente du Principe de *Progrès*, depuis la cellule osseuse jusqu'à la *mystérieuse et divine cellule nerveuse*.

Les Résultantes partielles des *Attractions* des différentes cellules de l'homme (avec *prépondérance des cellules nerveuses*), relativement à celles des autres hommes, se composent en une Résultante plus générale, qui est l'*amour de l'homme pour ses semblables*.

L'homme, considéré par rapport à tous les autres hommes, est soumis à une infinité de ces Résultantes générales qui, toutes, pour la même raison que précédemment, doivent passer par un *point fixe*.

Il est encore évident qu'ici, les Résultantes partielles des attractions des cellules sont de même nature que dans les cellules isolées.

Cette nature, qui n'est que modifiée dans ses accidents, par les modes de mouvements vibratoires qu'on appelle *conscience* et *pensée*, demeure la même.

Le point fixe par lequel passeraient toutes les résultantes des *Attractions* d'un homme pour les autres hommes, serait le **Centre de sympathie** de l'être pensant.

On peut donc dire que, depuis l'homme jusqu'à l'atome, ces **Attractions**, *différentes par leurs modes, sont toutes de même nature.*

Ces sentiments ne ressemblent à la primitive et mécanique *Attraction*, qu'autant qu'une force peut redevenir elle-même, après s'être réfractée dans le milieu qu'on appelle le *moi*.

Mais si ces forces se sont modifiées en un certain sens, elles ont conservé leur nature ou celle des composantes qui, après leur réfraction dans le *moi*, les ont engendrées. D'ailleurs, une *Attraction* unique peut résulter d'une somme d'*Attractions* infiniment petites, modifiées elles-mêmes par une infinité de sensations.

Il est très important d'observer l'immense différence entre ces *Attractions sentimentales* des hommes les uns pour les autres, et leurs attractions purement *mécaniques*, en tant qu'êtres purement matériels se composant d'atomes inorganisés. Ces *attractions mécaniques* disparaissent devant celle de la *Terre*, dont la masse est telle qu'elle éclipse celle de l'homme.

Nos attractions mécaniques les uns pour les autres sont insensibles.

La seule attraction à laquelle nous soyons soumis comme êtres matériels, est donc la *pesanteur*.

Comme êtres vivants, nous sommes soumis à des attractions plus délicates et plus complexes, constatées par la science ; les *attractions électriques, magnétiques* et *hypnotiques*.

Enfin, comme êtres pensants, nous sommes soumis à l'*Attraction fraternelle*.

Toutes ces attractions sont des modes particuliers de l'*Attraction sympathique* générale et une dans tout l'Univers.

**Le Miracle et la Sympathie Universelle.** — Nous savons qu'en présence d'un aimant, le fer n'est plus attiré vers la terre, mais vers l'aimant. L'attraction vers la terre est donc neutralisée par l'*Attraction magnétique* de l'aimant.

De même l'attraction magnétique peut être, à son tour, neutralisée par une attraction d'ordre supérieur, l'*Attraction sympathique* des êtres pensants.

Les propriétés extraordinaires et mystérieuses de l'aimant, entre autres celle de neutraliser la pesanteur, lui viennent du groupement particulier de ses atomes et de la *qualité de leur mouvement vibratoire*.

Or, dans le cerveau de l'être pensant, le groupement des atomes est infiniment mieux ordonné, et la qualité de leur mouvement vibratoire infiniment supérieure à celle de l'aimant.

*L'Attraction sympathique*, propriété du cerveau pensant peut donc, elle aussi, neutraliser les attractions d'un ordre inférieur.

Certains hommes (médiums ; faiseurs de miracles) chez lesquels la force mystérieuse qu'on appelle la *Volonté*, atteint des proportions fantastiques, peuvent par l'énergie qui en résulte pour leur attraction sympathique, modifier, dans certains cas, consciemment ou inconsciemment, des attractions d'un ordre inférieur, c'est-à-dire certaines forces de la nature.

Sous l'influence de ces individus, la Nature semble déroger à ses lois.

Le miracle est une *dérogation apparente* aux lois de la nature.

C'est une dérogation aux lois connues *par une loi encore inconnue.*

*Le Miracle est un phénomène mystérieux mais possible* d'après notre conception de l'Univers.

**La morale et la sympathie Universelle.** — Nous avons démontré déjà que la base de la Morale n'était ni les religions des prétendus Révélateurs, ni l'Idée de Bien de Descartes, ni l'Idée de Devoir de Kant, qui sont des concepts abstraits et absolus n'ayant aucune réalité, puisque l'*Être absolu est impossible*, mais que la Base de la Morale est ce sentiment réel, concret et vivant, qu'on appelle la sympathie.

Puisque cette *Attraction sympathique* est commune dans son essence à tous les êtres, la Morale, au lieu de rester étroite et bornée, comme le voulait Kant, à *quelques êtres libres*, prend une extension infinie.

............................................................

Quelles sublimes réflexions n'y aurait-il pas à faire sur cette Morale applicable à l'Astre et à l'Atome aussi bien qu'à l'humanité pensante!...

............................................................

Morale basée sur la *Sympathie Universelle* dirigée et diversifiée par le Principe de *Progrès* immanent et nécessaire, rompant le mortel équilibre de l'*Unité* inféconde!...

............................................................

L'homme pouvant, par ses *sentiments* engendrés par le Principe d'*Attraction* qui est au cœur de toutes choses, et par ses *volontés libres* engendrées par le Principe de *Progrès* qui est au cœur de toutes choses, influer sur tous les êtres composant la Substance Une!...

*Et communier avec tous les êtres dans lesquels l'amour et le vouloir sont consubstantiels!*

## VII

# L'UNIVERS

### IRRÉDUCTIBLE AUX LOIS DE LA MÉCANIQUE

Maintenant que nous avons démontré que l'*Attraction sympathique* est dans toute la Nature, toujours la même en essence, mais diversifiée dans ses accidents, sous l'action nécessaire et immanente du Principe de *Progrès* et qu'elle demeure la seule force des choses, étudions son *mode d'agir* afin de pouvoir dégager une conception générale et adéquate de l'Univers.

Nous avons vu que l'*Attraction* a, en principe, toujours lieu du semblable au semblable, c'est-à-dire qu'elle agit sur des groupes homogènes qu'elle resserre autour de centres *prédéterminés de toute éternité par le Principe de Progrès*.

Je dis de toute éternité, car si cela se produisait à un *certain moment* auquel l'*Attraction* différenciée porterait la substance sur certains points plutôt que sur d'autres, on pourrait me faire une grave objection.

L'Attraction est proportionnelle aux masses auxquelles elle est inhérente, immanente. Donc, pour différencier l'*Attraction*, il faudrait auparavant différencier les *masses*, ce qui ne peut se faire qu'en leur donnant du mouvement, c'est-à-dire en différenciant auparavant l'*Attraction*. Or, c'est impossible, puisque l'Attraction dépend de la *Masse* qui est sa cause.

Pour répondre à cette objection, il est essentiel de bien remarquer que la *Masse n'est pas la Substance* mais une *accumulation plus ou moins grande* de substance. Par conséquent, quoique l'*Attraction* varie avec la Masse, en réalité *ce n'est pas la Masse qui est cause de l'Attraction*. Car si elle était cause de l'Attraction, je demanderais : Qui est sa cause à elle Masse ? — Elle n'en a pas ? Elle est cause première ?

Mais ce serait aussi raisonnable d'admettre que c'est l'*Attraction* qui est cause première, que c'est grâce à elle que la Substance s'accumule sur certains points et devient Masse.

Et que c'est le Principe de **Progrès**, qui, *différenciant* l'**Attraction**, différencie les Masses primitivement noyées dans l'homogène de la *Substance* **Une**.

La vérité est que ni les Masses, ni l'Attraction ne sont causes l'une de l'autre.

La vérité est que les *Masses et l'Attraction immanente se sont différenciées simultanément de toute éter-*

nité, *sous l'influence du Principe de Progrès nécessaire et immanent.*

Après nous avoir fait constater que l'*Attraction* n'agit que du semblable au semblable, la Science nous montre que dans des groupes sensiblement homogènes se forment des centres secondaires d'Attractions.

J'ai dit qu'ils se forment sous l'influence du Principe de développement immanent que j'ai appelé *Progrès*.

On pourra encore objecter que ces centres sont déterminés non par un Principe primitif, mais par des faits précédents qui dépendent, à leur tour, d'autres faits enchaînés les uns aux autres par les **lois de la Mécanique**.

Cela semble vrai.

Cependant il faut bien remonter à une cause première, sinon par le temps, au moins par la Raison.

Cette cause première, c'est le Principe de *Progrès* qui, *à l'origine de l'éternité* (expression paradoxale que nous allons expliquer), a prédéterminé des centres d'attraction différentiels, non au hasard, mais de telle sorte que, la direction étant ensuite laissée aux lois de la Mécanique, l'ensemble de l'Univers se dirige vers la perfection.

L'expression paradoxale « origine de l'éternité «

est un symbole dont on peut se faire une idée en s'aidant d'une comparaison tirée de la géométrie :

Une droite est asymptote à une courbe, lorsque cette courbe se développe suivant une loi telle qu'elle se rapproche constamment de la droite, sans jamais arriver à la toucher.

En mathématiques, pour faciliter le langage, on dit symboliquement que la courbe est *tangente à son asymptote à l'infini*, c'est-à-dire qu'elle touche son asymptote au bout d'un temps infini, ce qui est exact, puisque ce temps infini ne sera jamais écoulé et par suite la courbe ne touchera jamais son asymptote. C'est précisément la définition.

De même, en philosophie, pour faciliter le langage, on peut dire symboliquement qu'à *l'origine de l'éternité* il y a eu dans l'Univers, l'immobilité, l'homogénéité parfaite, sans différenciation ni mouvement, et qu'à *l'origine de l'éternité, le Principe de Progrès a une fois pour toutes créé le mouvement et la différenciation*.

Ce sera exact, car de même qu'il n'y a pas eu d'origine à l'éternité, de même il n'y a jamais eu d'immobilité parfaite. *Le mouvement dans la nature a toujours existé.*

Mais en philosophie, aussi bien qu'en mathématiques, lorsque notre esprit borné, envisage l'infini, il est obligé d'employer des expressions symboliques.

Nous dirons donc, symboliquement, qu'à l'origine de l'éternité, le Principe de Progrès a une fois pour toutes créé le mouvement et diversifié l'Unité homogène.

Je vais plus loin : il répugne à la Raison que cette cause première se soit reposée après avoir donné *une fois pour toutes* la direction du mouvement.

D'après la Raison, une cause ne peut pas s'anéantir et puisqu'elle ne peut pas s'anéantir, elle continue toujours d'agir.

Elle plane sur les lois de la Mécanique qui, grâce à cette cause mystérieuse, peuvent sortir de leur abstraction pour s'appliquer à la mystérieuse Substance,

*Au lieu de rester à l'état d'arides théorèmes condamnés éternellement à une inféconde Vérité.*

## L'Univers est donc irréductible aux lois de la Mécanique.

*Cette vérité sera rendue pour ainsi dire palpable sous toutes ses faces, dans différents passages des Chapitres XVII et XVIII.*

D'après la Science, ces premiers centres d'Attraction, d'abord incohérents en apparence (je dis en apparence, car ils renferment en eux le principe de développement immanent où sont en puissance toutes leurs relations futures), deviennent de plus en plus dépendants les uns des autres et tendent à former des ensembles cohérents.

Le *Principe de différenciation* agissant constamment, l'*hétérogénéité* augmente avec la rapidité qui résulte de la multiplication des effets, et, parallèlement à elle, augmentent la cohérence et l'*harmonie*.

Tout cela *nécessairement* et en vue du plus grand Bien, d'après la tendance invincible de tout être vers la Béatitude.

Mais l'*Attraction* étant une force *constante*, ses effets augmentent en progression géométrique, avec l'effrayante rapidité exprimée par les lois de la Mécanique:

Les centres différentiels soumis *constamment à l'attraction*, tendent à s'intégrer et à se concentrer sur un point unique.

A mesure que s'effectue cette concentration, les mouvements diminuent en amplitude, il faut donc que leur rapidité augmente dans la même mesure, puisqu'ils sont indestructibles.

Et lorsque l'amplitude sera nulle (limite fixée par l'*impénétrabilité* de la matière), la rapidité des vibrations sera infinie. Le dernier centre sera un immense brasier dont la *chaleur* sera inconcevable, et inconcevable aussi la *Force d'expansion* qui, nous l'avons vu, est identique à la *chaleur*.

Cette *Force d'expansion* n'étant plus limitée par aucun obstacle, il se produira une explosion dont il est impossible de s'imaginer la violence et qui rejettera à toutes les extrémités de l'Univers, la Substance infiniment condensée, réduite instantanément à l'état de *vapeur raréfiée et homogène* dans lequel elle se trouvait à *l'origine*.

Ainsi arrivée au *maximum de concentration*, la substance se dissoudra d'elle-même, et, après sa *Dissolution*, retournera à l'homogène *Unité* d'où elle est sortie.

D'après tout ce qui précède, nous pouvons conclure que, au-dessus des lois de la Mécanique,

Sous l'influence du Principe de **Progrès** immanent et nécessaire, la Substance part de l'**Unité** égale et homogène, réalisée par la *dissolution*, puis elle *involue* pour former des centres différentiels d'**Attraction**, enfin dans chacun de ces centres, elle *évolue* en réalisant une hétérogénéité de plus en plus harmonique et parfaite.

Il s'agit de montrer que ces trois attributs : *Unité, Attraction, Progrès*, par lesquels se manifeste la substance, sont irréductibles, qu'il n'en existe pas d'autres et qu'ils rendent un compte exact de l'Univers que les *lois de la Mécanique*, les *Religions* et les *Systèmes* ont été jusqu'à ce jour impuissants à expliquer.

Avant d'entreprendre cette sublime tâche, recueillons-nous...

............................................................

**Trois-Principes** qui êtes au cœur des choses
Et qui m'êtes consubstantiels,
Fortifiez-moi, communiez avec moi !

**Grand-Tout :**

Inspire-moi !

Afin que je puisse voir ce qui est sous le voile qui recouvre ta face éternelle.

Et qui cache ton énigme aux misérables humains.

Embrase-moi d'un saint amour pour toi !

Afin que je puisse chanter tes louanges,
Et faire sentir à tout être qui existe,
Avec quelle idéale harmonie
Et qu'elle majesté sublime
Tu te recommences sans cesse en devenant toujours meilleur.

Tu t'arraches peu à peu des griffes du Mal éternel pour marcher pendant toute l'Éternité vers l'inaccessible **Perfection.**

## VIII

## TERNAIRE SUPRÊME

Au commencement était la **substance**.

La substance qui est, qui fut et qui sera.

L'immuable, l'infinie, l'éternelle substance.

Et la substance était dans tout, et la substance était hors de tout, et la substance était Tout.

Et la substance était homogène et égale à elle-même ;

— Par une Vertu qu'elle avait en elle, qu'elle avait toujours eue et qu'elle aura toujours ;

La Vertu d'**Unité**

Elle était une dans le Temps et Une dans l'Espace. Car elle était Une et Indivisible.

De cette Unité procédaient son Éternité et son Immensité.

Et l'Unité était toujours, et l'Unité était partout et l'Unité était Tout.

Et l'Unité engendrait l'**Egalité**,

Et la Substance Une s'attirait elle-même et sympathisait avec elle-même.

Par une Vertu qu'elle avait en elle, qu'elle avait toujours eue et qu'elle aura toujours :

La Vertu d'**Attraction.**

L'Attraction était au cœur de la Substance et elle la dominait ;

— Car elle était une Force et la seule Force.

Et l'Attraction dominait toujours, et l'Attraction dominait partout, et l'Attraction dominait Tout.

Et l'Attraction engendrait la **Fraternité.**

Et la Substance Une et Attrayante se diversifiait elle-même en son Unité et son Attraction.

Par une Vertu qu'elle avait en elle, qu'elle avait toujours eue et qu'elle aura toujours,

La Vertu de **Progrès.**

Le Progrès éternel qui distribuait la substance là et ailleurs, pour le moins grand mal du Grand-Tout.

Et en même temps qu'il distribuait, il dirigeait et en même temps qu'il dirigeait, il organisait.

Et le Progrès organisait toujours, et le Progrès organisait partout, et le Progrès organisait Tout.

Et le Progrès engendrait la **Liberté.**

Et l'**Unité** était stérile et inféconde.

Mais l'**Attraction** lui donnait la fécondité,

Et le **Progrès** la fécondait,

Et l'Unité était immobile dans son Eternité.

Mais l'Attraction lui donnait le mouvement en puissance,

Et le Progrès mettait le mouvement en action.

Et l'Unité était imparfaite dans son Immensité.

Mais l'Attraction lui donnait la force de marcher vers la Perfection,

Et le Progrès la dirigeait vers la Perfection.

*Et le Grand-Tout se* **dissolvait** *en Unité.*

*Puis* **involuait** *par Attraction.*

*Puis* **évoluait** *par Progrès.*

Et cela recommençait sans cesse, toujours se dissolvant, toujours renaissant, et s'avançant toujours d'un état moins mauvais à un état moins mauvais, et cela sans jamais s'arrêter.

**Il** marchait vers un idéal bien lointain que je ne pouvais voir, mais qui me semblait si ineffable qu'aucun cœur ici-bas ne pourrait le comprendre

Puis j'entendis du fond de l'Abime, une Voix immense, infinie qui clamait :

> Dies iræ, Dies illa
> Solvet seclum in favilla
> Teste David cum Sybilla

.................................................

Puis, je vis, au sommet du Ciel des lettres de feu.

### INRI

.................................................

J'ai demandé à ma raison pourquoi cela était ainsi.

Pourquoi la Substance était **Une** ?

Pourquoi l'**Unité** engendrait l'**Egalité** ?

Pourquoi l'**Attraction** engendrait la **Fraternité** ?

Pourquoi le **Progrès** engendrait la **Liberté** ?

Pourquoi cette Voix clamait dans l'Abime ?

> Dies iræ, Dies illa
> Solvet seclum in favilla
> Teste David cum Sybilla

Pourquoi au sommet du ciel ces lettres flamboyantes?

### INRI

Et ma raison, après s'être repliée sur elle-même, car ses idées lui viennent d'en bas, me répondait, à mesure que je légitimais ses idées venant d'en bas et ses procédés de dialectique inhérents à sa nature inférieure,

Elle me répondait :

Je ne puis voir la Substance que par l'intermédiaire de mes organes grossiers et à travers deux prismes, deux conditions qui me sont imposées par ma nature imparfaite : le Temps et l'Espace.

Cependant, par le Principe de **Progrès** inhérent et immanent en moi, je puis m'élever, d'abstraction en abstraction, jusqu'au cœur des choses.

Et reconnaître que ce que j'arrive à déduire péniblement de mon raisonnement ultime, est bien identique à ce que vous sentez, vous **Sens Inconditionné**.

Et, en même temps, je comprends pourquoi les choses sont ainsi.

D'abord la Substance doit exister en tant que Substance et non en tant que Force.

La force ne peut pas exister seule, indépendemment d'une source d'où elle émane et d'un objet sur lequel elle s'exerce.

Ceux qui admettent que tout se réduit à la Force disent quelque chose d'absurde et d'inconcevable.

Il est contradictoire qu'une force ne soit la force de rien et n'agisse sur rien, car si elle agit sur une autre force, sur quoi agit cette dernière ?

Une force qui n'agit sur rien, est-ce une force ?

Et une force qui n'est la force de rien, est-ce une force ?

Il est contradictoire qu'une force existe par soi.

Et ce qui existe par soi n'est pas une force.

Une force est la propriété d'un sujet, propriété par laquelle ce sujet agit sur un objet.

Le Sujet ou Source de force existe par soi, c'est la Substance.

Et la force n'en est que l'Attribut.

Cette illusion, vient de ce que, ne connaissant la Substance que par ses modes de manifestation, nous confondons ce qui est manifesté avec ce qui manifeste. Or, ce n'est que par la force que la Substance se manifeste à nous.

Ainsi, tout se réduit, non pas à la force, mais à la Substance qui, existant par soi, est indépendante de tout Être supérieur.

Ici on peut faire une grave objection.

Si la Substance est indépendante de Tout, elle est absolue.

Or, il sera démontré au chapitre XI, que l'**Absolu est contradictoire, par conséquent impossible.**

En réalité, la Substance n'est pas indépendante de Tout.

**La Substance n'est pas absolue.**

En effet, en partant de données certaines, sans faire aucune pétition de principe, nous sommes arrivés à *légitimer* non seulement les données des sens, mais toutes celles de la *Raison*.

Parmi ces dernières, se trouvent le *Principe de contradiction*, d'après lequel une chose et son contraire ne peuvent exister simultanément.

La *Substance ne peut pas posséder les Attributs qui se contredisent.*

Voilà les limites qui lui sont imposées.

Voilà pourquoi, en *principe*, la Substance n'est pas Absolue.

*En réalité*, elle ne l'est pas non plus, car comme nous le verrons plus tard, certaines Perfections se contredisent.

Donc la Substance ne peut pas être parfaite.

Elle est *nécessairement* imparfaite et mauvaise, en principe, c'est-à-dire que par le seul fait qu'elle existe par soi, elle est mauvaise.

Mais d'un autre côté, d'après la tendance *invincible* de tous les êtres vers la Béatitude,

La Substance doit *nécessairement* tendre vers la Perfection.

Elle doit être douée de la Vertu du **Progrès**, grâce à laquelle elle s'approchera de la Perfection autant qu'il est possible, étant donnée son *imperfection nécessaire*.

Il s'en suit que la Substance possède toutes les qualités propres à lui faire atteindre ce but (sous la seule condition que ces qualités ne soient pas contradictoires).

Comme nous sentons ne pouvoir être heureux que dans la réalisation de l'Attraction sympathique, la Substance doit être douée de la Vertu d'**Attraction.**

Enfin elle doit avoir la Vertu d'**Unité.**

En effet, puisqu'elle n'est soumise, comme nous le verrons au chapitre XII, à aucune force transcendante, en dehors d'elle, puisque rien n'agit sur elle, il n'y a pas de raison pour qu'elle soit à un moment, différente d'un autre moment, en un point, différente d'un autre point.

Si rien n'agit sur elle, elle doit être toujours la même et partout la même, c'est-à-dire rigoureusement *homogène*.

La vertu d'*Attraction* immanente dont elle est douée ne doit pas rompre son équilibre, puisque la substance étant rigoureusement *homogène*, l'Attraction s'exercera identiquement sur tous les points à la fois et il n'y a pas de raison pour qu'il y ait déplacement ou modification de substance sur un point plutôt que sur autre.

Ainsi, même soumise à l'*Attraction*, la Substance doit rester rigoureusement *homogène* et en équilibre.

Il s'en suit qu'elle doit être Une et Indivisible.

Car si elle se composait de parties, d'après ce qui précède, ces parties seraient *identiquement les mêmes*, et alors ce serait la même partie qui, par conséquent, ne pourra pas se diviser. *La Substance doit donc être partout et toujours la même, c'est-à-dire* **Une**.

De l'**Unité** de la Substance, se déduit son *éternité* et son *immensité*.

La Substance étant *toujours la même*, n'a pu être

ni créée ni détruite, et étant *partout la même*, il ne peut pas y voir de lieu où elle n'existe.

Maintenant que nous savons la manière d'être, *en principe*, de la Substance, voyons ce qu'elle est au point de vue *concret et vivant*.

Nous observons d'abord qu'elle est en état de différenciation et de mouvement.

*Son homogénéité a été rompue.*

Il faut donc qu'une cause ait agi sur elle.

D'un autre côté, cette cause ne pouvant être extérieure et transcendante, sera immanente.

Et comme il vient d'être dit que l'**Attraction** immanente seule ne peut pas modifier l'**Unité** homogène, il faut que cette cause soit différente de l'Attraction.

Nous avons vu précédemment que cette cause, c'est le Principe de **Progrès** dans sa quatrième et sa cinquième manifestation : *la tendance à la différenciation* et la formation des *centres d'Attraction*.

On pourra objecter que pour rendre l'*Attraction* différentielle d'homogène qu'elle était, il a fallu primitivement rendre les *Masses* différentielles, puisque la force d'Attraction dépend des masses, et pour produire des masses différentielles, il a fallu déplacer la

Substance, ce qui n'a pu se faire qu'en lui donnant du mouvement.

Il faudrait que le Principe de *Progrès* fut une force pouvant créer le mouvement, il aurait une propriété commune avec l'*Attraction*, il ne lui serait pas irréductible, et par conséquent, il n'aurait pas de raison d'être comme principe différent de l'Attraction.

A cela je répondrai que le Principe de Progrès n'a différencié ni les Masses avant l'Attraction, ni l'Attraction avant les Masses; mais que les Masses et leur Attraction immanente ont été différenciées simultanément de toute éternité sous l'influence du Principe de *Progrès*, lequel n'a créé aucun mouvement, aucune force, car la Force et le mouvement sont, d'après notre Raison, incréées et incréables.

Leur somme est donc immuable de toute éternité.

Mais si cette somme reste égale et une, ses parties peuvent se diversifier en différents points sans création ni destruction, par l'action immanente et nécessaire du Principe de *Progrès*, en vue du moins grand mal du Grand-Tout et d'après la tendance invincible de tout être vers la Perfection.

De tout ce qui précède, on peut conclure que :

L'Unité, c'est la Substance dans son Équilibre;

L'Attraction, c'est la Substance dans sa Force ;

Le Progrès, c'est la Substance dans sa Marche vers la Perfection.

L'Unité, c'est l'état *statique*.

L'Attraction, c'est l'état *dynamique*.

Le Progrès, c'est l'état *cinématique*.

L'*Unité*, c'est l'*Égalité*.

L'*Attraction*, c'est la *Fraternité*.

Le *Progrès*, c'est la *Liberté*.

L'**Unité** est l'*Origine* des choses.

L'**Attraction** est la *Force* des choses.

Le **Progès** est la *Loi* des choses.

L'*Unité*, c'est la matière brute, la pierre brute, transformable et perfectible, c'est le bloc de marbre informe, homogène et *Un* qui sera Dieu, Table ou Cuvette.

L'*Attraction*, c'est la force, la force musculaire du sculpteur.

Le *Progrès*, c'est la pensée du sculpteur qui renferme déjà en puissance toutes les formes de plus en plus belles que revêtira plus tard le marbre informe.

Dans l'Univers, le travail de la pierre brute n'a jamais eu de commencement et n'aura jamais de fin. Le sculpteur, sa force et son idée sont confondus dans l'homogène bloc transformable.

Les Trois Principes *Unité, Attraction, Progrès* ont coexisté de toute éternité, de façon que l'un d'eux n'a jamais été seul, mais qu'il a toujours été intimement imprégné des deux autres pour former un mystérieux *Tout* concret et vivant.

Mais ces trois attributs sont des mystères !...
Mystère l'*Unité* ! mystère l'*Attraction* ! mystère le *Progrès* !

Si leur *Pourquoi* vient d'être expliqué, leur *Comment* demeure incompréhensible ?

Que vous importe ? puisque vous savez qu'ils existent.

En y croyant, vous croyez à des choses *réelles*, concrètes, non absolues, admises par toutes les sciences depuis la chimie jusqu'à la sociologie.

Ce ne sont pas des Dogmes.

Vous, Raison, étant finie, vous êtes bien obligée de vous arrêter à un Principe que vous n'expliquez pas.

Eh bien ! c'est à ce Triple-Postulat que vous êtes obligée de vous arrêter.

Nous avons vu que la mystérieuse **Unité** existe en principe au cœur des choses.

Nous la trouvons chez l'homme à l'état concret et vivant.

C'est en effet en vertu du Principe d'**Unité** et d'homogénéité que nous croyons à des **lois générales** dans l'Univers.

Les données des sens ne suffisent pas à nous prouver que *tous* les corps tombent et que *tous* les hommes sont mortels.

Cette *croyance à l'Unité* nous vient d'un principe supérieur, immanent au cœur de la Nature,

Du *principe d'***Unité** *auquel le germe de notre croyance est consubstantiel*.

Par cette croyance qui nous est inhérente, *nous communions avec le Principe des choses*.

Le principe d'**Unité**, base du raisonnement qu'on appelle l'*induction*, qui nous dit que tous les hommes sont mortels, nous dit aussi que tous les hommes sont **Égaux**.

Si nos sens semblent nous montrer le contraire, le rayon divin persiste à nous éclairer, et, les yeux fermés, nous affirmons avec une invincible force :

**Je crois à l'Égalité de tous les hommes.**

Voilà comment le Principe d'*Unité* engendre le *Principe-Egalité*.

Nous avons vu que la mystérieuse **Attraction** existe, en principe, au cœur des choses.

Nous avons montré comment elle est dans l'homme à l'état concret et vivant sous le mode particulier de *sympathie*.

Ainsi cette *sympathie humaine est consubstantielle au principe d'Attraction* qui domine l'Univers,

Et par elle, *nous communions avec le Principe des choses.*

C'est le Principe d'*Attraction* qui fait que, malgré nos égoïstes instincts ataviques,

Les yeux fermés, nous affirmons avec une force invincible :

**Je crois à la Fraternité de tous les hommes.**

Voilà comment l'*Attraction* a engendré le *Principe Fraternité*.

Nous avons vu que le mystérieux Principe de **Progrès** a existé de toute éternité au cœur des choses.

Nous avons montré les **sept formes** sous lesquelles il s'est manifesté dans son développement immanent, pour arriver dans l'homme à la forme de **Volonté libre**.

Ainsi ce germe de *Liberté humaine est consubstantiel au Principe de Progrès,*
Et *par notre Liberté, nous communions avec le Principe des choses.*

C'est le principe de *Progrès* qui fait que, malgré l'esclavage de nos passions et de tous les tyrans de la terre,

Les yeux fermés, nous affirmons avec une invincible force.

**Je crois à la Liberté de tous les hommes.**

Voilà comment le *Progrès* a engendré la *Liberté*,

Hélas! Les trois germes de *Liberté*, d'*Égalité* et de *Fraternité* consubstantiels aux Principes d'**Unité**, d'**Attraction** et de **Progrès** qui les engendrent, s'étiolent au cœur de l'homme, étouffés par les *mauvais instincts ataviques* et les *préjugés religieux*.

Ils ne pourront être vivifiés que par une *communion intense avec leurs Principes générateurs.*

Le lien étroit de communion qui s'établira entre les générateurs et les engendrés consubstantiels,

Ce lien sera le Verbe divin; l'Esprit-Saint des éducateurs, des prédicateurs, des missionnaires, des annonciateurs de la Bonne nouvelle, qui, embrasés d'amour pour leurs semblables, leur enseigneront à êtres *libres* et *égaux* en se dépouillant comme d'abjectes loques de leurs instincts ataviques et de leurs préjugés religieux, et à s'aimer en *frères* d'un ardent et pur amour dans lequel ils trouveront le bonheur.

Ils avaient donc eu l'Intuition de la Vérité, ces sublimes philanthropes du dernier siècle qui ont fait briller à la face du monde cette ineffable devise.

**Liberté ! Égalité ! Fraternité !**

..................................................
..................................................

Et je pensais tristement : oui, tellement ineffable que nul mortel ici-bas ne peut la comprendre,

Car s'il pouvait la comprendre, il ne serait plus homme,

Il serait **Dieu.**

## IX

# DIES IRÆ, DIES ILLA

*Dies iræ, dies illa*
*Solvet seclum in favilla*
*Teste David cum sybilla*

Alors je vis un immense incendie, puis une explosion de colère et de haine, et la Substance fut rejetée à toutes les extrémités de l'Univers, réduite en poussière ténue.

Et une immense voix venant des profondeurs clamait.

. . . . . . . . . . . . . . . . . . . . . . . . . . . . . . . . . . . . . . . . . .

Ce n'est pas la mort d'un homme, que cette grande voix sortant de l'abîme pleurait.

C'était la voix de l'Infini, et l'infini ne peut pas pleurer le fini.

C'était la voix de la Force, et la force ne peut pas pleurer la faiblesse.

Ce que cette voix disait, c'est la **dissolution d'un monde** dont la substance, dans sa fureur d'être broyée jusque dans son *impénétrabilité* par l'*Attraction* constante et fatale, s'est livrée à une explosion de *colère* qui l'a réduite de nouveau à son homogène *Unité*.

Il est facile à la Raison d'expliquer ce phénomène immense et d'ajouter le témoignage de la Science à celui de David et de la Sybille.

Nous savons, en effet, que sous l'influence du Principe de *Progrès*, l'*homogénéité* a été rompue et des centres d'*Attraction* différentiels formés.

L'Attraction étant une force *constante*, son action s'est multipliée avec la rapidité exprimée par les lois de la mécanique.

Les centres différentiels, après avoir absorbé les éléments des régions ambiantes, se sont attirés entre eux pour former un centre intégral (il n'est question ici que d'un système de mondes et non de l'Univers).

L'attraction continuant toujours son action fatale, la matière se resserre et se concentre de plus en plus.

Mais les mouvements étant indestructibles, ce qu'ils perdent en amplitude, ils le gagnent en rapidité et en intensité.

Lorsque, sous l'action constante de l'attraction, leur amplitude devient nulle, leur intensité devient infinie.

D'après ce que nous avons vu, la *chaleur* devient infinie et par conséquent aussi la *Force d'expansion*, puisqu'elle est identique à la chaleur.

Cette *force d'expansion infinie* n'est plus contenue par aucun obstacle ; puisque les éléments des régions ambiantes ont été absorbés par la force d'attraction des masses centrales..

Alors elle éclate dans toute sa violence. Les mouvements des éléments infiniment petits reprennent leur immense amplitude primitive et les masses compactes sont instantanément dissoutes à travers l'espace, en un fluide infiniment raréfié et homogène.

Chaque monde, après quelques siècles, se dissout en nébuleuse.

*Solvet seclum in favilla.*

Nous savons que c'est l'*impénétrabilité* invincible qui, transformant en sens inverse, les mouvements des éléments attirés, donne naissance à la force d'expansion.

De même selon un chapitre précédent c'est la dureté, l'impénétrabilité d'un cœur qui, transformant en sens inverse l'amour d'un autre cœur, donne naissance à la *haine* de ce dernier.

On peut donc dire, *symboliquement*, que c'est l'impénétrabilité de la Substance, dans son égoïsme fatal qui, se voyant broyée par l'Attraction jusque dans la *Puissance d'exister* de l'être, est entrée en fureur, que sa fureur a produit une *explosion de colère et de haine ;* et que cette explosion de colère a réduit la Substance compacte en un état de poussière ténue (*favilla*).

Cette colère, c'est l'effort pénible d'un monde pour se dissoudre, pour mourir.

Si l'*impénétrabilité* a causé ainsi la dissolution d'un monde, c'est au nom du Principe de **Progrès** dont elle est une manifestation.

Le Progrès se trouvant arrêté dans sa marche par la limite *maxima* d'hétérogénéité d'un monde,
Se sert de la *dissolution* pour le ramener à l'homogène, dans le but de lui faire recommencer une existence au bout de laquelle il pourra s'approcher davantage de la Perfection.

De sorte que **la dissolution des mondes comme la mort des individus est, non pas un accident malheureux, mais un phénomène nécessaire.**

C'est la condition nécessaire imposée au Progrès indéfini par la tendance invincible de la substance vers la Perfection.

L'Être vivant (homme ou monde) ne meurt que pour renaître meilleur.

Voilà pourquoi ce jour de colère (*dies iræ*) réduira en poussière (*favilla*) les masses *momentanément* concentrées (*seclum*).

Le témoignage de la science vient s'ajouter à celui de David et de la Sybille.

*Après la dissolution,*

*Le Monde retourne à l'***Homogène***.*

*Et la Chaleur s'est éteinte.*

## X

### LOI D'UNIVERSEL DÉVELOPPEMENT

# INRI

Et au pied de ces lettres flamboyantes, je vis des *saintes femmes* qui pleuraient...

Ces saintes femmes, c'étaient les sublimes et éternelles *Pensées*.

Les sublimes Pensées erraient dans l'Univers homogène et froid après un immense incendie et paraissant pour toujours infécond et aride.

Et les sublimes pensées, errant dans l'homogène, ne savaient où se reposer.

Et elles erraient toujours sous le poids d'une indicible angoisse.

Et j'entendais sortir d'elles, comme une plainte, une plainte tellement désolante, que le cœur le plus dur en eût été attendri.

Je compris que c'était l'effort pénible de la substance arrêtée dans sa marche constante vers la Perfection, par l'impénétrabilité de l'Être.

Je me sentis pris pour ces *saintes femmes*, d'une pitié infinie.

Ne pleurez pas *saintes femmes*.

Ce monde que vous avez vu détruit en un *jour de colère*, réduit en poussière ténue et rendu à l'homogénéité de la Substance Une,

N'est pas péri pour toujours,

Il doit renaître, selon sa prédiction, Trois Cycles après sa mort ;

Car ces lettres de feu signifient :

*Igne natura renovatur integra*
La nature se renouvelle par le feu.

Les sublimes pensées ne me répondirent pas.

Mais je les vis aller se placer sur certains points de l'*homogène*.

Et sur ces points, je vis la substance s'accumuler, *involuer* et lutter dans une lutte gigantesque.

Puis, après la lutte, une douce et indéfinissable harmonie s'établit et le *Grand-Tout* semblait se diriger vers la *Perfection*.

Alors, ma Raison me révéla que les *Sublimes Pensés*, c'étaient les manifestations immanentes du Principe de **Progrès septiforme**.

*Du progrès qui ne meurt pas,*

Qui, après la *dissolution* dans l'homogène, ne pouvaient donner cours à leur activité.

Leur plainte, leur angoisse, c'est le sentiment de la *Puissance d'exister*, de *l'impénétrabilité broyée par l'Attraction constante et fatale*.

Bientôt, par leur vitalité immanente, elles se dégagent des étreintes de l'Attraction intégrale et, par *Involution*, vont former en certains points de l'homogène, des centres d'Attraction différentiels.

L'*Attraction* précipite sur ces centres, la substance des régions ambiantes, puis comprimée dans ses mouvements par l'*impénétrabilité*, elle produit le phénomène *Chaleur ou Force d'expansion* qui est l'inverse de l'*Attraction*.

A partir de ce moment, le développement se continue en sens inverse : la période d'*Involution* est terminée, celle d'*Évolution* commence.

Sous l'influence du Principe de *Progrès*, la *différenciation* s'augmente toujours, par suite de la multiplication des effets : les mouvements vibratoires qui se manifestent sous forme de *chaleur* ou *force d'expansion*, deviennent peu à peu *électricité, vie, conscience, pensée*;

Et les tendances inhérentes à la Puissance d'exister se dépouillent peu à peu de leur *égoïsme* et de leur *fatalité* pour devenir, éclairées par la Pensée, *altruistes* et *libres*.

## Les Trois moments de la Loi de développement.

Dans la *Dissolution*, c'est la substance qui *s'affirme par son Unité*, noyant l'Attraction inféconde et le Progrès qui semble anéanti.

La *Dissolution* est une *affirmation*.

Dans l'*Involution*, c'est le Progrès qui renaît et qui, en ses premières manifestations égoïstes (impénétrabilité et tendance à la différenciation), entre en lutte avec l'Attraction sympathique.

L'*Involution* c'est l'Attraction qui lutte contre le Progrès,

Et le *Progrès septiforme* qui lutte contre l'*Attraction Une*.

C'est le Progrès qui nie l'Attraction et l'Attraction qui nie le Progrès.

L'*Involution* est une *négation*.

Cependant, durant tout le moment d'*involution*, c'est l'*Attraction* qui l'emporte et qui concentre la substance jusqu'à ce qu'elle soit arrêtée par l'*Impénétrabilité*, deuxième manifestation du Principe de *Progrès*.

Alors commence l'Évolution.

Dans l'*Évolution*, c'est le triomphe du *Progrès* sur l'Attraction ou plutôt c'est la *synthèse du Progrès et de l'Attraction* dans une Unité harmonique et féconde et en même temps dans une Hétérogénéité de plus en plus cohérente et complexe tendant sans cesse vers la Perfection,

Le *Progrès* étant le Principe-Directeur.

L'*Évolution* est une *synthèse*.

On peut donc dire que la substance

Se *dissout* par sa vertu d'*Unité*,
*Involue* par sa vertu d'*Attraction*,
*Évolue* par sa vertu de *Progrès*.

Le développement immanent de la substance dont le principe est le *Progrès*, renferme ainsi Trois moments :

La **Dissolution**, l'**Involution**, l'**Évolution**,

Comme il se *manifeste sous sept formes*.

Suivant ce développement immanent, nous avons vu que la substance *doit* se diriger éternellement vers la Perfection, sans jamais pouvoir l'atteindre ;

Car la perfection est impossible à cause des contradictions qu'elle renferme.

D'un autre côté, nous savons que l'essence du *Progrès* n'est pas le *Hasard*, mais qu'il est *déterminé par deux conditions* :

1º Que la substance est nécessairement mauvaise ;

2º Qu'elle doit tendre nécessairement vers la Perfection ;

C'est-à-dire que la substance doit être le moins possible mauvaise.

Malgré une apparente ressemblance, il y a un abîme entre cette conception et celle de Malebranche et de Leibnitz, d'après laquelle le monde est le meilleur possible.

En effet, Malebranche et Leibnitz admettent l'*Être-Parfait qui a pu* créer le monde *mauvais* et a *voulu* le faire le *moins mauvais possible*.

Que de contradictions accumulées en ce peu de mots :

Comment un *Être parfait* a-t-il *pu* créer quelque chose de mauvais ?

Et en supposant qu'il ait pu le faire,

Puisqu'il a *voulu le créer mauvais*, ce n'est pas pour le rendre le moins mauvais possible, car alors il l'aurait créé bon.

On me répondra que par suite de la liberté donnée à l'homme, le monde ne pouvant être que mauvais, il est rationnel que Dieu, qui est bon, le rende le moins mauvais possible.

Mais si le monde est nécessairement mauvais, Dieu qui est bon, ne devait pas le créer.

Voilà les contradictions où se perdent des esprits éminents, pour avoir voulu admettre l'*Être parfait*.

Tandis qu'en niant le *Dieu absolu*, tout s'explique avec une simplicité et une rigueur scientifiques, par les Trois-Principes :

### Unité — Attraction — Progrès

Dans ce Ternaire suprême, l'*Optimisme* et le *Pessimisme*, l'*Idéalisme* et le *Réalisme*, le *Spiritualisme* et le *Matérialisme*, le *Théisme* et l'*Athéisme*, jusqu'ici inconciliables, s'unissent en une harmonieuse et *divine synthèse*. Je dis divine au sens le plus général, c'est-à-dire le plus *panthéiste* du mot.

Nous avons vu que sous l'influence immanente et nécessaire du Principe de *Progrès*, la substance doit se diriger indéfiniment vers la Perfection.

Cependant l'*Attraction*, force constante, ne cessant jamais son action, resserre continuellement la substance dans sa fatale et mécanique étreinte,

Et finit par l'entraîner à la dissolution par laquelle elle retournera à l'homogénéité inféconde d'où elle était sortie.

Ce recul que nous constatons, n'est pas un démenti au développement indéfini du Principe de Progrès.

En effet, il faut observer que par suite de l'imperfection nécessaire de la Substance, sa marche vers la Perfection ne peut pas être continue et rectiligne.

L'impénétrabilité oppose des résistances qui, d'après la loi du rythme, font périodiquement rétrograder le développement immanent, et chaque cycle *semble* se terminer au point où il avait commencé.

En réalité, il n'en est pas ainsi.

Un exemple le fera bien comprendre : mille hommes sans instruction militaire arrivent à la caserne. Leur réunion forme une cohue désordonnée. Un an après, ils savent se grouper méthodiquement : c'est un régiment qui se meut avec une régularité et une harmonie parfaites.

On licencie le régiment, il redevient cohue désordonnée qui ressemble à la cohue de l'année précédente ?

Non. En réalité, elle possède quelque chose de plus : la faculté de pouvoir se grouper *de nouveau*, au premier signal, en régiment régulier et méthodique.

Il en est d'un monde dissous, comme de ce régiment dissous ou licencié.

Le monde dissous possède la faculté de se reformer plus facilement sous la première influence ordonnatrice,

Et, étant formé plus rapidement, pourra avancer plus loin dans la voie du Progrès.

On ne peut pas ne considérer le *Progrès éternel* et *nécessaire* que dans un cycle particulier, mais dans l'ensemble infini des cycles.

On doit s'élever au-dessus et au-delà de ces progrès particuliers qu'une dissolution fait rétrograder.

Par une conséquence rigoureuse du développement immanent, nécessaire et indéfini du Principe de *Progrès*, l'homogène qui est la fin d'un cycle a, *en puissance*, quelque chose de plus que l'homogène qui a été la fin du cycle précédent.

Le Progrès ne meurt pas, il n'oublie pas.

........................................

Car il est une mémoire des choses, empreinte ineffaçable des sensations depuis des siècles évanouies.

Il est une réminiscence, une expérience des Mondes.

Oui, la nébuleuse se souvient... Elle se souvient des perfections jadis si péniblement ébauchées. Elle en conserve avec une avarice jalouse, la trace indélébile. Que dis-je ? Elle songe déjà dans un désir inextinguible de vie, à de nouvelles conquêtes sur l'Inertie et sur la Mort,

Afin que le cycle qui va naître soit moins mauvais, que celui qui, pour jamais, vient de s'enfuir.

Ainsi les lettres de feu **INRI** signifient donc véritablement :

Qu'au-dessus et au delà de toutes les *Dissolutions*,

De tous les équilibres momentanément réalisés,

**L'Univers se développe dans un éternel recommencement,**

**En un Progrès éternel,**

**Vers l'Inaccessible Perfection..**

# XI

## LOI D'UNIVERSEL DÉVELOPPEMENT.

## I.E.V.E. (1)

I.E.V.E. était seul et *Un* dans son immensité.

Et il s'aimait lui-même, et il sympathisait avec lui-même, d'un immuable et éternel amour.

Et il trouva imparfaite et mauvaise son immobilité dans son *Unité* inféconde et son *Attraction* neutre.

Car les Ténèbres, sœurs de l'Immobilité et de l'Inertie, régnaient sur l'immensité de la substance *Une*.

Alors I.E.V.E. dit : que la substance Une se différencie elle-même, que l'immobilité cesse et que le mouvement soit,

Et le mouvement fut,

Et la lumière, fille du mouvement fut,

Et avec elle la chaleur, qui embrase les mondes,

---

(1) Les trois personnes du Dieu de Moïse ont pour symbole I.E.V. En répétant le 2ᵉ symbole E pour signifier l'éternité, on a le tétragramme I.E.V.E.

Et l'électricité, sœur de la lumière et de la chaleur, fut aussi engendrée par le mouvement.

Et à mesure que le mouvement diversifiait et différenciait la substance Une, des phénomènes étranges vibraient, et par leurs vibrations de plus en plus harmonieuses et parfaites, engendraient la vie, la conscience, la pensée.

Et cela dura sept longues périodes.

A la septième période, I.E.V.E. sanctifia son œuvre en émancipant la pensée de la matière inerte et fatale.

La pensée émancipée engendra la *Volonté libre*,

Et ce fut le couronnement de la septième période.

Et l'œuvre de I.E.V.E. fut sanctifiée.

Et il vit que son œuvre était bonne.

Alors, il dit à la Pensée et à la Volonté libre :

Croissez et multipliez-vous, et devenez nombreuses comme les épis de blé,

Et devenez saintes comme moi, l'Éternel, je suis saint,

Et les sublimes pensées se multiplièrent et devinrent saintes comme la substance éternelle était sainte.

8.

Les sublimes pensées étaient tellement belles, que I.E.V.E. en fit ses messagères. C'est pour cela qu'il les appela Anges,

Et les Anges chantaient la gloire de I.E.V.E.

Ils chantaient en une douce et indéfinissable harmonie, tendant à ne former qu'une seule voix.

I.E.V.E. dans son amour pour ses anges, les attirait vers lui d'une force invincible,

Et il tendait à les absorber en son **Unité** et sa fatale **Attraction**.

Alors Lucifer, la septième manifestation du Principe de **Progrès**, s'affirma dans l'indépendance de sa *Volonté libre*.

Et il entra en lutte contre l'*Attraction aveugle*.

La rupture fut brutale : *Involution* violente suivie d'une harmonique *Evolution*.

Dans cette lutte gigantesque, fatale et sans merci, Lucifer fut broyé,

Et, I.E.V.E. retourna à son *Unité* et à son indifférent amour.

Mais Lucifer, l'âme du *Progrès*, écrasé, n'avait pas péri.

Il existait en un germe éternel dans I.E.V.E. qu'il devait faire sortir de nouveau de son *Unité*.

Il inspira à Adam de désobéir à I.E.V.E. et de rompre ainsi l'équilibre dans lequel Dieu et l'homme sympathisaient dans une *Unité* inerte et imparfaite.

Et Adam désobéit à Dieu.

Alors I.E.V.E. se repentit d'avoir créé le monde et son amour se changea en haine.

La lutte terrible recommença, nouvelle *involution* faite de labeurs et de souffrances pour la malheureuse humanité.

Mais I.E.V.E. s'appitoyant sur l'humanité, promit que l'*involution*, l'antithèse cesserait et qu'une future reconciliation réunirait de nouveau l'homme et son créateur en une harmonieuse et divine synthèse pour *évoluer* vers l'inaccessible Perfection.

Il est facile à la raison d'expliquer ces bibliques symboles.

I.E.V.E. trouvant imparfaite sa solitude et son Unité, c'est un monde mort, un monde dissous qui veut renaître de sa dissolution homogène.

I.E.V.E. trouva l'Unité mauvaise, parce que le Grand-Tout était réduit à s'admirer lui-même dans l'inertie d'une contemplation stupide.

Triste et fausse Perfection inconsciente incapable des sublimes douleurs et des sublimes dévouements qui, seuls, conduisent l'Être imparfait vers la véritable Perfection et lui donnent la vraie Béatitude.

I.E.V.E. ordonnant à l'*Unité* de se différencier, c'est le Principe de *Progrès* s'affirmant dans sa quatrième manifestation, la tendance à la différenciation.

I.E.V.E. créant le mouvement, c'est le Principe de *Progrès* différenciant l'*Attraction*, unique force de l'Univers, et s'affirmant en sa cinquième manifestation : la formation de centres d'attraction différentiels.

I.E.V.E. créant la lumière, c'est la période primitive où le mouvement d'*Attraction*, par suite de l'*impénétrabilité* : deuxième manifestation du Principe de *Progrès*, devint le mouvement vibratoire. La lumière est en effet la plus simple et, par conséquent, la première expression du mouvement vibratoire.

La lumière est engendrée par le mouvement. Pas de mouvement, pas de lumière. Les ténèbres sont sœurs de l'immobilité absolue de la substance.

Moïse s'accorde donc merveilleusement avec la science, quand il dit que sur l'immobilité du Chaos, les ténèbres régnaient.

I.E.V.E. créant les Anges, c'est-à-dire les Pensées, c'est la conséquence du mouvement vibratoire devenant de plus en plus différencié et parfait qui, après avoir engendré l'électricité et la vie, produit enfin le phénomène qu'on appelle la Pensée.

Mais si la pensée est la condition de la liberté, ce n'est pas encore la liberté.

Ce n'est qu'après avoir créé l'homme, que le septième jour, I.E.V.E. sanctifia son œuvre en donnant à la pensée la liberté.

L'homme et les anges devinrent libres.

Il est facile de comprendre que les *sept périodes* dont on a fait les *sept jours de la semaine*, sont les **sept manifestations du Principe de Progrès**.

De même qu'on trouve dans la Bible les sept manifestations du Principe de Progrès, de même on y trouve les **trois moments** du développement de ce Principe.

I.E.V.E. s'aimant avec Adam d'un amour immobile et inerte les unissant en une *Unité* imparfaite, c'est le **premier moment** : la *Dissolution homogène*.

I.E.V.E. broyant Lucifer sans l'anéantir, c'est le Principe de *Progrès survivant à la Dissolution* et subsistant en elle à l'état de germe qui doit lui faire rompre son équilibre.

C'est le monde se dissolvant en *Unité*, d'où il doit de nouveau sortir.

Adam, sous l'inspiration de Lucifer, désobéissant à I.E.V.E. c'est la rupture de l'équilibre instable de la dissolution homogène.

I.E.V.E. se repentant d'avoir créé le monde et son amour se changeant en haine, c'est le *Regrès de l'Attraction* devant l'impénétrabilité et son changement en *Répulsion*, par suite de la résistance opposée par l'*impénétrabilité* invincible de l'Être.

I.E.V.E. luttant contre l'humanité dirigée par Lucifer, c'est le **deuxième moment** du développement du Principe de *Progrès*: c'est l'*Involution*. C'est le moment où le *Progrès septiforme* lutte contre l'*Attraction Une*, le *Progrès libre* contre l'*Attraction fatale*.

La liberté contre la fatalité.

I.E.V.E, envoyant son fils, son *Verbe* pour s'unir à l'homme, le racheter et reconcilier Dieu, et l'humanité, c'est le **troisième moment** du développement du Principe de *Progrès*: c'est l'*Évolution*, Synthèse harmonique et divine de l'*Attraction* et du *Progrès* qui doit diriger le Grand-Tout vers la Perfection.

Le Verbe, le Messie promis et qui n'est pas encore venu, ce sera l'avènement de la *Parole divine*, le commencement de cette période d'Évolution qui doit nous conduire au bonheur.

Le **Verbe** sera la **Parole mélodieuse**, la musicale harmonie qui succédera aux cris discordants de la Haine et aux Hurlements de la Douleur.

Nous allons clore la période d'*Involution* où des souffrances inouïes ont expié une faute fatale : l'imperfection nécessaire de la Substance Une.

Ce long rachat, cette pénible rédemption, ont été faits de sueurs, de larmes et de sang.

De la sueur des esclaves, des larmes des proscrits, du sang des suppliciés.

Des suppliciés depuis Prométhée rongé par le vautour, Socrate buvant la ciguë, Jésus cloué sur la croix, les Martyrs de Néron et de l'Inquisition jusqu'aux Rédempteurs de la Révolution française, qui ont versé sous le couperet de la guillotine, leur sang pour le rachat de la race humaine.

L'héroïsme des rédempteurs a fini par lasser l'implacable haine de I.E.V.E.

Tant de sang généreux répandu a fini par désaltérer I.E.V.E l'*Unité*, l'*Égalité* sanguinaire, qui s'est adoucie au contact de l'humaine *Fraternité*.

L'alliance va se faire, à la lutte sans merci va succéder une harmonieuse synthèse, l'*Évolution* va commencer.

Vous qui souffrez, séchez vos pleurs.

L'*Égalité* et la *Liberté*, jusqu'ici inconciliables, vont s'unir en une douce *Fraternité*.

Déjà je vois poindre à l'Orient, une ineffable clarté, c'est l'aurore du Bonheur.

## XII

# DOGMES ET SYSTÈMES

Dans ce qui précède, nous avons dégagé une nouvelle conception philosophique de l'Univers, basée sur des données admises par toutes les sciences : l'*Unité* de la substance, l'*Attraction* universelle et le Principe de *Progrès* se développant, non d'une façon continue et rectiligne, mais rythmique ou alternante, par suite des résistances opposées par le Mal, c'est-à-dire par l'Imperfection nécessaire de la substance. Développement constaté par la Science biologique et sociologique.

Avant de montrer que ces Trois Principes expliquent l'Univers, nous allons prouver qu'aucune hypothèse différente de la nôtre ne peut en rendre un compte exact.

Nous ne perdrons pas de vue que le but de cet ouvrage est la recherche des moyens propres à réaliser la Béatitude dans notre vie actuelle. Nous ferons, pour ainsi dire, toucher du doigt, que les obstacles à la réalisation de cette Béatitude ont été précisément les croyances à des hypothèses mensongères, erronées ou incomplètes sur le Monde et sur le Moi. En prouvant la fausseté ou l'impossibilité de ces hypothèses, nous aurons fait un pas immense vers la réalisation du Bonheur de l'humanité.

Il ne restera plus à démontrer que notre conception en même temps qu'elle explique scientifiquement l'univers (c'est-à-dire qu'elle n'est ni un Dogme, ni un système), est capable d'engendrer une croyance basée sur la Raison, et dont la mise en pratique donnera, dès ici-bas, à tout homme, le bonheur pour lequel il se sent né.

Mais avant de réfuter les conceptions de l'univers différentes de la nôtre, rappelons la classification indiquée au chapitre I*er* : aux Dogmes correspondent les *Religions* révélées ; aux Systèmes, les Philosophes *idéalistes*. Enfin les *Positivistes* : commençons par eux.

**Le Positivisme.** — Sa méthode est rationnelle, car elle ne tient compte que des faits, mais on peut, aux positivistes, faire un grave reproche : ils n'admettent pas les Principes et en particulier celui de causalité. Alors la légitimité de la Raison est fortement entamée et si elle est entamée, elle n'est pas loin d'être anéantie.

Quelques-uns ne croient même pas aux Lois. Or, en démontrant l'*Unité* de la substance, nous avons

9

prouvé que si un fait se produit dans certaines circonstances, Il n'y pas de raison pour qu'il ne se produise pas toutes les fois et partout où les mêmes circonstances se reproduiront.

Ainsi donc, tout Fait a sa loi. Je dirai plus, toute Loi a son Principe, car il existe des Principes, éléments indécomposables, desquels dérivent les lois les plus générales et de celles-ci les lois particulières.

*Il existe des Principes, forces ou tendances qui suscitent tout événement et gouvernent toutes choses.*

Ces Principes supérieurs aux lois de la Mécanique, lesquelles d'ailleurs en dérivent, comme toutes les lois, ces Principes sont le dernier mot de toute connaissance et sans eux toute connaissance est incomplète.

La connaissance des **positivistes** est donc incomplète, il lui manque l'*Idée de Cause*.

Il nous reste à examiner les **systèmes Idéalistes** et les **Religions révélées** qui seront l'objet des deux chapitres suivants.

Dans celui-ci, nous étudierons trois questions, trois *Dogmes* qui servent de bases communes aux *Systèmes* et aux *Religions*, à savoir : la *Création*, l'*Absolu* et l'*Origine du Mal*.

**La Création.** — Aux âges primitifs, la première fois qu'on a voulu expliquer l'Univers, il était naturel qu'en l'absence de toute science, on ait regardé le monde comme un immense meuble construit par un grand ouvrier.

La comparaison n'était pas exacte, car si nous voyons construire des meubles, nous ne voyons pas les ouvriers créer les matériaux et les faire sortir du Néant.

Et en supposant même que l'Univers ait été tiré du Néant par un Être supérieur, son existence ne serait pas expliquée d'une façon satisfaisante. Car pour que l'explication soit complète, il faudrait expliquer l'existence de cet Être supérieur, et on se retrouverait dans le même embarras que pour le monde créé.

Si cet Être supérieur a été à son tour créé par un autre, il faudra expliquer l'existence de cet autre.

S'il n'a pas été créé, c'est-à-dire si on aboutit à admettre un Être existant par soi, par sa seule force, il est plus simple d'admettre que cet Être existant par sa seule force, c'est le monde que nous voyons.

On objectera l'ordre et l'harmonie de l'Univers, qui doit avoir été organisé par un être intelligent.

Mais ce dernier doit posséder en puissance le même ordre et la même harmonie, et il possède en plus l'intelligence et d'autres perfections. A plus forte raison peut-on lui faire la même objection qu'au monde matériel. En jugeant la nécessité de la création d'un Être à son degré de perfection, plus un être serait parfait, plus il serait nécessaire que cet être ait été créé.

Et l'on remonterait ainsi jusqu'à un être souverainement parfait, à l'*Absolu*. Alors on peut faire des objections beaucoup plus graves.

Comment le Parfait peut-il produire quelque chose d'imparfait ? Ou plus radicalement comment le *Parfait* peut-il produire quoi que ce soit ?

Après avoir produit, le Parfait n'est plus égal à lui-même, il est devenu supérieur ou inférieur.
S'il est devenu inférieur, il n'est plus parfait.

S'il est devenu supérieur, il n'était pas parfait à l'origine et ce n'est pas en s'augmentant d'une œuvre imparfaite qu'il est devenu parfait.

Pourquoi l'*Absolu* a-t-il créé le monde à un moment plutôt qu'à un autre ?

Ou bien il avait une raison, ou bien il n'en avait pas. S'il a agi sans raison, il n'est pas infiniment sage, donc pas parfait.

S'il s'est déterminé avec raison, cette raison n'a pas agi de toute éternité, l'absolu s'est modifié, donc il dépend d'un autre élément, et il ne serait plus Absolu.

Ainsi la Création par un Être imparfait, n'a pas de sens.

Et la création par l'Être parfait et absolu est impossible.

Par conséquent, le monde n'a pas été créé, il a existé de lui-même de toute éternité.

**L'Absolu.** — En admettant que l'Absolu n'ait pas créé le monde, peut-il exister cependant ?

Si l'Absolu existait, il devrait rester éternellement immobile et immuable, d'après sa nature même, qui est de n'être relié à rien, de ne dépendre de rien. Il ne devrait donc avoir aucune relation avec le monde matériel qui se meut dans un perpétuel devenir.

Et ce monde lui serait complètement étranger, c'est-à-dire qu'il formerait une limite; une borne que l'Absolu ne saurait franchir. Or, la nature de l'Absolu est de n'être limité par rien.

Donc l'Absolu ne peut exister que seul et non simultanément au Monde. Et comme le monde existe, *l'Absolu n'existe pas*.

Après avoir démontré rigoureusement la non existence, l'impossibilité de l'Absolu, je me permettrai d'ajouter quelques passages de l'étude magistrale de Hamilton et Mansel, que je tâcherai de dépouiller de son allure, par trop abstraite et métaphysique, et de modifier dans une certaine mesure, pour la mettre à la portée des personnes qui n'ont pas fait d'études spéciales.

D'après Hamilton, l'*Absolu* ne peut exister sous aucune forme : il ne peut être ni conscient, c'est-à-dire intelligent, ni infiniment bon et infiniment puissant, ni infiniment juste et infiniment miséricordieux, ni infiniment sage et infiniment libre.

Il ne peut pas être conscient, car la conscience n'est concevable que comme relation.

Il faut qu'il y ait un sujet conscient et un objet dont le sujet soit conscient. Or, nous avons vu que l'Absolu ne peut pas être uni par une *relation avec un autre être*, car il en dépendrait d'une certaine façon, et il ne serait pas Absolu, mais relatif.

L'Absolu ne peut pas non plus avoir de relation avec lui-même, comme un Tout composé de parties ou une Substance composée d'attributs.

En effet, dans ce cas, ou bien il existe en lui un Principe d'*Unité* distinct du pur agrégat des parties, ou bien il n'existe pas de Principe d'Unité.

S'il n'y a pas dans l'*Absolu composé*, de Principe d'*Unité*, il n'y a plus d'*Absolu*, mais un groupe de relatifs.

S'il y a dans l'*Absolu composé* un Principe d'*Unité*, ce principe seul et non les parties, peut être l'Absolu à condition de n'avoir aucune relation avec ces parties et dans ce cas encore, l'*Absolu* ne serait pas conscient puisque la conscience n'est concevable que comme relation.

Nous avons vu dans notre conception de l'Univers : *Unité, Attraction, Progrès*, que le Principe d'*Unité*, n'est pas absolu, mais qu'il est intimement relié aux deux autres Principes : l'*Attraction* et le *Progrès* qui le modifient éternellement.

Il est donc possible que notre *Grand-Tout* soit conscient, c'est-à-dire intelligent, puisqu'il existe entre ses parties des *relations* qui peuvent être du même ordre que celle des cellules nerveuses du cerveau pensant.

Quant à l'*Absolu*, comme il ne peut pas être composé, ni, par conséquent, avoir des relations avec lui-même, il ne peut pas être conscient de lui-même, pas plus qu'il ne peut avoir de relations avec d'autres êtres et être conscient des autres êtres. Donc, d'une manière générale, il ne peut pas être conscient, c'est-à-dire intelligent.

Donc Dieu *parfait et intelligent est impossible.*

Par contre, *Dieu Imparfait et intelligent est possible*.

Les autres attributs de *Dieu Absolu*, sont contradictoires deux à deux.

Comment, en effet, la puissance infinie peut-elle toute chose avec la bonté infinie incapable de faire le mal ?

Comment la justice infinie doit-elle infliger les derniers châtiments à tout péché, tandis que la miséricorde infinie doit pardonner à tout péché ?

Comment la sagesse infinie connaît-elle tout l'avenir, tandis que la liberté infinie peut, pour ainsi dire, dérouter toute prescience ?

L'existence de l'Absolu est donc impossible sous n'importe quelle forme.

**Le Problème du Mal.** — Le Mal existe, nous n'avons qu'à interroger notre sens inconditionné et infaillible pour en être certains, comme nous l'avons montré au chapitre II. Nous nous sentons de tous côtés bornés et malheureux. Le mal existe donc au point de vue subjectif, ce qui suffit à prouver son existence réelle, puisque rien n'est si certain que le subjectif.

Comment l'existence du Mal est-elle compatible avec celle d'un être infiniment parfait ?

Si Dieu veut le mal ou le laisse faire, il n'est pas infiniment bon ;

Si le mal se fait à son insu, il n'est pas infiniment sage ;

Si le mal se fait malgré lui, il n'est pas infiniment puissant.

L'existence du Mal rend donc celle de l'Être parfait impossible.

Quant à l'origine du Mal, on l'a expliquée de diverses manières.

La Gnose admet que, à mesure que les Eons, ou émanations de Dieu, s'éloignaient de leur source, ils en perdaient peu à peu la connaissance, ils en souffraient et essayaient en vain de la recouvrer, et de leurs désirs inassouvis naquit le mal.

D'après d'autres idéalistes, et certaines religions révélées, le mal vient d'une chûte, résultat du mauvais usage que fit la créature de la liberté donnée par Dieu. Mais à ces deux explications, on pourrait faire une objection irréfutable.

Puisque, à un certain moment, le mal n'existait pas, et que par conséquent, il n'existait que le Bien, comment le Mal a-t-il pu naître dans le Bien ?

On répondra qu'il existait déjà en puissance, mais c'était déjà le mal, alors il a toujours existé et le *Bien Absolu* n'a jamais existé.

Notre conception de l'Univers : *Unité, Attraction, Progrès*, résout très simplement et scientifiquement le Problème du Mal.

Le mal étant l'imperfection nécessaire de la substance, l'impossibilité de l'Absolu ; il est évident qu'il a toujours existé.

D'une façon plus précise, nous considérons le mal comme l'**Antagonisme de l'Attraction et du Progrès**, *brisant l'équilibre de l'***Unité** *homogène réalisée par la* **Dissolution** *antécédente.*

L'*impénétrabilité*, deuxième manifestation du Principe de Progrès, oppose un obstacle invincible à l'Attraction sympathique et aux bons sentiments.

Le *Mal* c'est cette lutte violente et fatale.

Le **Mal**, c'est l'**Involution**.

Puis s'effectue **la synthèse de l'Attraction et du Progrès** qui s'unissent en une douce et indéfinissable harmonie dirigeant le Grand-Tout vers le Bonheur parfait et inaccessible.

Cette marche vers le **Bien**, c'est l'**Évolution**.

# XIII

# SYSTÈMES IDÉALISTES

La première apparition de la philosophie a eu lieu en Orient. Les peuples de ce pays, plus voisins du berceau du genre humain et plus promptement constitués en société que les autres peuples, devaient naturellement trouver aussi les premiers, les loisirs et le calme nécessaire à la culture intellectuelle par la réflexion.

Un tempérament très ardent, favorisé par un climat exceptionnel, une intelligence développée jusqu'à l'intuition, ont fait éclore en ce pays, dès la plus haute antiquité, tous les systèmes philosophiques qui ont été reproduits jusqu'à la découverte de *l'Attraction* universelle par Newton, et ils ont été dès le début, poussés jusqu'à leurs conséquences extrêmes.

Dès le début, des intuitifs ont deviné l'*Unité* et l'éternité de la substance, mais on n'a connu le *Progrès* qu'au point de vue moral. Quant à l'*Attraction*, elle était complètement ignorée.

Maintenant que nous savons à quoi nous en tenir sur la philosophie *positiviste* en général, les seuls systèmes que nous étudierons dans la philosophie orientale, sont les *systèmes idéalistes*, qui sont d'ailleurs les plus importants.

D'après Papus, ces systèmes étaient les mêmes au fond et n'en formaient qu'un seul qui régnait sur l'Inde, la Chaldée et l'Egypte.

Ils n'admettent pas l'Unité de la substance, mais trois éléments distincts et irréductibles qui forment un Ternaire.

Ces trois substances sont l'Être parfait ou *Absolu*, la *matière* et l'*astral*, fluide reliant l'Absolu à la matière et permettant au premier de gouverner la seconde.

De l'Absolu sont émanées des Idées qui, en s'éloignant de leur source, sont devenues imparfaites, ont subi une déchéance. Pour expier cette déchéance, cette chute, elles ont été incorporées à la matière. Par cette union à la matière, elles pourront souffrir, se racheter, se débarrasser de la matière mauvaise et remonter parfaites à l'Absolu, d'où elles étaient sorties.

Les moyens d'expiation sont le célibat, l'ascétisme, la culture de la volonté développée dans des proportions fantastiques, la méditation et la contemplation qui doivent rendre à l'âme la connaissance de l'Absolu, dans laquelle consiste la Béatitude pour les idéalistes.

L'idée de *Progrès* est admise, mais au seul point de vue moral.

L'amour fraternel est poussé à ses dernières limites sous le nom de *pitié*. La pratique de la pitié ne trouvera pas en elle-même, sa récompense, mais elle plaira à Dieu, qu'elle contraindra même à abréger le temps d'expiation.

Ce n'est pas cette *Attraction* sympathique ayant sa racine au cœur des choses, et qui, par le seul fait qu'elle sera pratiquée, donnera à l'homme le bonheur.

On peut faire à la doctrine idéaliste en général, les objections suivantes :

Elle admet dans l'Univers, Trois substances, et il a été prouvé au chapitre VIII, qu'il ne peut y en avoir qu'une.

Elle admet l'existence de l'Absolu que nous avons démontré impossible au chapitre XII.

Enfin, dans le Problème du Mal, sa théorie de la chute est incompréhensible et contradictoire, comme nous l'avons vu au chapitre XII.

Toutefois, par son ampleur, sa simplicité et sa grandeur sublime, la philosophie idéaliste a séduit de toute antiquité et jusqu'à nos jours, les cœurs héroïques et les âmes d'élite.

Sa conception est tellement élevée qu'on pourrait, malgré ses erreurs, la qualifier de *divine*.

Aussi, pour ne pas la profaner, ne l'enseignait-on qu'à de rares initiés, après des épreuves qui permettaient de s'assurer que le néophyte était digne de connaître cette belle doctrine.

C'est par des sociétés secrètes et l'initiation qu'elle s'est conservée jusqu'à nos jours dans toute sa pureté, dont le résumé qui précède n'est qu'une bien imparfaite reproduction et un bien pâle reflet.

Si je considère la *société secrète*, dont parle Papus, se composant des esprits d'élite de toute l'antiquité et des prêtres de toutes les religions et enlaçant dans ses vastes réseaux le vieil Orient tout entier; elle me paraît comme une véritable Arche de Noé, par laquelle la sublime doctrine idéaliste fut sauvée du déluge d'ignorance et de barbarie, d'où l'humanité actuelle n'a pas encore complètement émergé.

Dans cette arche, se conserva le feu sacré qui ne s'éteignait jamais et auquel tous les hommes supérieurs purent venir se réchauffer pour communiquer ensuite leur chaleur à leurs frères endormis dans la glaciale torpeur.

*Les bienfaiteurs de l'humanité furent tous des initiés de cette antique société secrète.*

C'est à cette magnanime corporation que nous devons notre civilisation et toutes les grandes idées qui doivent pousser le genre humain vers le bonheur futur.

D'abord unique, elle s'est ensuite scindée en Occident, en plusieurs sociétés distinctes, mais dont chacune a, jusqu'à nos jours, conservé précieusement les principes humanitaires et philantropiques de la société mère.

Les Sociétés secrètes élèvent l'esprit, purifient le cœur et font planer l'initié au-dessus de la décevante platitude de la vie matérielle et brutale où la mauvaise foi et la perfidie jouent un si grand rôle.

Je le répète, tous les grands civilisateurs, tous les grands bienfaiteurs de l'humanité furent des initiés des sociétés secrètes. Voici les noms de ces grands initiés. Saluez-les avec vénération, vous leur devez tout ce que vous possédez d'idéal et de sublime.

*Moïse, Orphée, Pythagore, Zoroastre, Socrate, Platon, Aristote, Spinoza, Leibnitz, Voltaire, Diderot, Jean-Jacques Rousseau, Fourier, Vashington, Franklin.*

**Moïse.** — C'est le premier dans l'ordre des temps et peut-être aussi le plus grand par sa vaste et puissante conception de l'Univers.

Sa morale est parfaite ; il l'a condensée dans le Décalogue, ce code si admirable dans sa simplicité, sa vigueur et sa majesté.

**Orphée,** l'inventeur de la musique, initié comme Moïse aux mystères d'Egypte, a donné un enseignement exotérique qui a fait la *Religion payenne*.

L'enseignement secret a été confié à des sociétés ou mystères fondés par Orphée et qui le transmettaient par initiation.

**Odin,** le dieu farouche des scandinaves, ne fut, d'après Papus, qu'un initié des antiques mystères de l'Orient. Il a fondé l'ancienne *Religion germanique* comme Moïse a fondé la *Religion Juive* et Orphée la *Religion payenne*.

Selon Papus, Odin dont le vrai nom fut Frighe, était Chaldéen et disciple de Zoroastre, puis vint en Europe où régnait alors la Religion des Gaulois ou Celtes qui était une sorte de *spiritisme* et qui, chose extraordinaire, avait beaucoup de points de ressemblance avec la philosophie idéaliste des mystères d'Egypte et des Indes.

La Religion celtique ne fut pas d'ailleurs profondément modifiée par Odin. Il remplaça le dieu gaulois Teutatès par le dieu Wod ou Goth duquel la nation Gothique reçut ensuite son nom. De Wod on a fait Wodan ou Wotan, puis Odin, que plus tard la légende attribua à Frighe.

A Wotan : *Principe du Bien*, le sectateur de Zoroastre adjoignit un principe du Mal : Loke, et il adapta sa révélation au farouche caractère de ses disciples.

Cette antique mythologie germanique vient d'obtenir un regain d'actualité par les opéras de Wagner.

**Pythagore,** initié en Egypte, vint fonder à Crotone, l'Ecole Italique. Il eut deux enseignements : l'un pour les initiés, l'autre pour les profanes. L'enseignement secret était peut-être au niveau de la science actuelle.

D'après Pythagore, l'Univers est soumis à la loi générale de l'*Harmonie* dont la *Gravitation* de Newton et l'harmonie *musicale* sont des cas particuliers.

Théorie développée plus tard par l'initié *Leibnitz*.

Sous l'influence de cette doctrine, il se développa à *Elée*, également en Italie, l'école Eléate qui dégénéra ensuite en un idéalisme absolu.

**Platon, Hégel.** — Si je réunis ces philosophes que plus de vingt siècles séparent, c'est à cause de la grande ressemblance de leurs doctrines et surtout de leur filiation.

La source première, ce sont les mystères d'Egypte, auxquels Platon fut initié.

La base de la philosophie de Platon et d'Hégel, c'est l'*Absolu*, dont nous avons démontré au chapitre XII l'impossibilité. L'absolu serait conscient, chacune de ses pensées serait une Idée. Ces *Idées*, douées d'une existence objective, donneraient la forme aux choses matérielles.

La *Matière* est éternelle comme les *Idées* et l'Absolu.

Quelle contradiction que cette simultanéité de l'Absolu et du Relatif ?

**Hégel** ne craint pas de jeter un défi à la Raison en proclamant que pour réaliser le mystère de l'*Unité*, l'infini a besoin du fini.

Ce n'est pas là l'*Unité* scientifique et logique qui fait partie de notre conception de l'Univers,

L'Unité de Hégel n'est qu'une synthèse d'éléments contradictoires.

La partie la plus importante de la philosophie d'Hégel, c'est sa conception du *Progrès* dont le principe est pris dans *Schelling* qui, initié lui aussi au Platonicisme, l'avait trouvé dans l'ésotérisme venu de l'antique Orient.

Hégel a précisé l'évolution du Progrès.

L'Idée, c'est-à-dire l'Absolu concevant l'Être relatif, est d'abord une simple affirmation, une thèse. Mais par le fait qu'une idée s'affirme, elle implique l'existence de ce qu'elle n'affirme pas et qui se dresse devant elle, c'est l'antithèse. La thèse et l'antithèse l'une à côté de l'autre, finissent fatalement par s'unir pour former une synthèse, laquelle étant douée (on ne sait comment) de la vertu d'*Unité*, peut être regardée comme une deuxième thèse plus riche que la première et se développant comme elle, et ainsi de suite.

Dans la doctrine d'Hégel, on voit bien un but et un développement défini du Principe de Progrès, mais le moteur n'est pas mis en évidence. Hégel n'est pas entré dans le domaine scientifique.

Nous avons vu dans notre conception de l'Univers que ce moteur, cette force *Une* dont le *Progrès directeur* se sert pour pousser le monde vers la perfection, c'est l'*Attraction* sympathique, voilà le Principe qui manque à Hégel et à Platon.

**La Gnose.** — C'est la doctrine générale que j'ai résumée au commencement du chapitre XII. Après avoir passé par l'École d'Alexandrie, elle a été transmise par initiation pendant tout le Moyen Age et jusqu'à nos jours, par diverses sociétés secrètes.

**L'Alchimie** était enseignée dans les sanctuaires de l'antique Orient, sous le nom de *philosophie hermétique* du nom du Dieu Hermès ou Mercure qui l'aurait révélée aux initiés.

Un des principes de l'Alchimie était l'*Unité* de la matière. Mais en dehors de la matière, elle admet deux autres substances. Un fluide impondérable ou *astral* qui est l'agent des éléments matériels entre eux et avec la troisième substance l'*Absolu*, dont nous avons démontré l'impossibilité.

L'étude des propriétés de l'*astral* dédaignée par la science officielle, est appelée par les initiés, *Science occulte* ou *Magie*. Elle est cependant bien séduisante par l'élévation et la grandeur de ses conceptions.

Papus, dans « Science occulte » en fait une théorie très élevée, intéressante et féconde par un usage heureux de la méthode d'analogie.

L'alchimie a été importée d'Orient en Occident par des voies différentes : l'invasion musulmane et les Templiers qui, pendant les croisades, furent initiés aux sanctuaires de l'Asie. Elle se fondit bientôt avec la *Gnose*.

Après ce que nous avons dit de l'*Alchimie*, il est difficile de ne pas être frappé de sa ressemblance avec les systèmes de *Spinoza* et de *Leibnitz*. Aussi n'y a-t-il pas lieu de s'étonner lorsque Papus nous apprend que *Spinoza et Leibnitz ont été des initiés*.

**Spinoza**, comme les alchimistes, admet dans son Univers, trois principes : 1° la matière ou *étendue*; 2° les idées ou *notions communes*; 3° l'Absolu ou la *pensée*. Mais ces trois principes sont réunis en une *Unité* concrète et vivante.

Ainsi que Platon, les Mages et tous les idéalistes, il donne aux *Idées* et à la *pensée*, une existence objective. Ce serait une sorte de fluide distinct et indépendant de la Matière, tandis que les matérialistes en font une propriété; une relation des cellules nerveuses.

Comment se réalise l'*Unité* depuis l'individu matériel étendu jusqu'à l'*Absolue* pensée ?

Spinoza, après avoir dit que l'*étendue* et la *pensée* sont les *deux attributs* de la substance (et en cela *Spinoza* aussi bien que *Malebranche*, est un disciple de *Descartes*) ajoute que la substance étant infinie, c'est-à-dire *parfaite*, doit avoir une infinité d'attributs.

Pour comprendre Spinoza, je crois qu'il faut concevoir cette infinité d'attributs non en nombre, mais en profondeur, en continuité, en gradation *infinitésimale*.

Il faudrait considérer ces deux attributs, étendue et pensée, non comme distincts, mais comme un seul se modifiant d'une façon continue et imperceptible, depuis l'étendue matérielle jusqu'à la pensée absolue.

Et alors on reviendrait à l'*Absolu de Platon* produisant par émanation des Idées de moins en moins parfaites jusqu'au mal et à l'objectivation matérielle, le tout formant la contradictoire *Unité d'Hégel*.

Ce qui rend cette explication vraisemblable, c'est

qu'elle met en évidence la communauté des doctrines idéalistes puisées à une source unique.

Spinoza reconnaît l'existence du mal au moins physique et moral, en déclarant que la plupart des hommes sont méchants et qu'ils souffrent. Comment concilie-t-il l'existence du mal avec celle du bien Absolu ?

**Leibnitz, Fourier.** — Cet Allemand et ce Français, tous deux initiés aux traditions venues de l'antique Orient, enseignent presque la même doctrine avec cette différence que *Leibnitz*, par son Univers animé dans toutes ses parties, tient plus directement du *néo-platonicisme* et de la *science occulte*.

Tandis que *Fourier*, par son phalanstère et son socialisme communiste, se rapproche plutôt de la République de *Platon*.

Tous les deux admettent des relations nécessaires entre tous les êtres qui seraient ainsi ordonnés en une immense *série harmonique* (harmonie de position pour Leibnitz, de sympathie pour Fourier), depuis les éléments les plus infimes jusqu'à la Perfection *absolue* à laquelle ils attribuent une existence réelle.

Or, nous avons démontré l'impossibilité de l'*Absolu* et, par là même, de l'âge édénique où les hommes vivaient dans un heureux et parfait communisme, lequel âge d'or aurait, d'après *Fourier* et les idéalistes de l'ancien Orient, existé dans les temps primitifs de l'humanité et pourrait être réalisé de nouveau par un simple décret des pouvoirs publics.

Sublime et généreux Fourier, à qui l'expérience a infligé un si cruel et si sanglant démenti !

**Schopenhauer**, dit M. Ribot, a été initié à la doctrine ésotérique du Bouddhisme. Il a emprunté à *Leibnitz* sa conception de la *Force* comme principe unique de l'Univers. Mais s'inspirant de la doctrine indoue et de la Magie, il donne à la Force le nom de *Volonté*.

Nous avons vu au chapitre VIII que la Force seule ne peut pas expliquer l'Univers.

Pour montrer l'identité du système de Schopenhauer et du Bouddhisme, je me contenterai de citer les *quatre vérités enseignées par Bouddha*.

1° La vie est douleur ; 2° la vie et la douleur ont pour cause le vouloir vivre ; 3° la délivrance de la douleur consiste dans le renoncement à la vie ; 4° le seul moyen d'arriver à ce renoncement est la contemplation et l'ascétisme.

**Zoroastre, Hartmann.** — L'antique oriental et le moderne allemand distinguent, comme les *néo-platoniciens* et la *Gnose*, trois mondes :

1° le monde de l'*Inconscient*, de l'être *Absolu* ;

2° le monde matériel qui est la manifestation du précédent ;

3° le monde des idées ou représentations.

Le dernier a une existence objective, c'est donc une sorte de fluide *Astral*, comme dans la *Science occulte* et la *Magie*.

Ce serait par lui que le monde matériel émanerait de l'Absolu dans la théorie idéaliste.

D'après *Hartmann*, l'Absolu ou *Inconscient* a deux Attributs distincts qui le déterminent : la *Volonté* et l'*Idée*.

C'est le panthéisme indou allié au théisme platonicien ou plutôt c'est une réédition de la doctrine de l'initié *Zoroastre*.

De l'Inconscient qui est neutre, naissent deux principes opposés la *Volonté* et l'*Idée* ; comme chez Zoroastre, du *Temps sans bornes* qui est neutre, naissent deux principes opposés : le *Mal* et le *Bien*.

La Volonté de Hartmann est le mal des pessimistes indous et de Schopenhauer.

L'Idée de Hartmann est le Bien de Platon.

Comme chez Zoroastre encore, *ce dualisme rend possible la création*. Une guerre intestine est née au sein de l'Absolu, une guerre de deux principes contraires et le monde est résulté de l'antagonisme manichéen de ces deux principes.

# SYSTÈMES IDÉALISTES

Il serait plus clair de dire que ces deux principes contraires sont l'un *mâle* et l'autre *femelle* et que, par leur union, ils ont engendré le monde.

Lorsque Hartmann a voulu, par son système, expliquer l'Univers, il s'est mis à chaque pas en contradiction avec la science, il est donc réfuté par le fait même.

**Le Spiritualisme.** — A côté des idéalistes proprement dits dont je viens de parler et qui admettent en principe *Trois substances*,

Il existe une catégorie d'idéalistes qui n'admettent que Deux substances et qu'on appelle ordinairement *spiritualistes*.

Parmi ces derniers, on peut citer :

**Aristote**, la *Théologie* **chrétienne**, *qui a copié Aristote*, **Descartes**,

Pour ces philosophes, les deux substances sont la *matière* et l'*esprit* ou bien l'*étendue* et la *pensée*.

Ils rejettent la troisième substance des idéalistes précédents le *fluide astral* ou les Idées en tant qu'existant objectivement.

Mais ils reconnaissent l'*Absolu* et l'Absolu *conscient*.

Le père de cette doctrine, *Aristote*, est, lui aussi, un *initié* des mystères d'Égypte ;

D'une manière générale, les idéalistes peuvent se diviser en deux vastes classes :

1º Ceux qui admettent l'Absolu *conscient*, c'est-à-dire Dieu ;

2º Ceux qui admettent l'Absolu *inconscient*, force aveugle.

Les premiers partent d'un principe contradictoire et impossible, comme nous l'avons montré au chapitre XII.

Les derniers, ou bien se heurtent, comme Hartmann aux vérités scientifiques, ou bien, comme Hégel et Schopenhauer, n'expliquent pas analytiquement l'Univers.

Ils restent dans la métaphysique et n'entrent pas dans la science.

En somme, ils se contentent de formuler des Dogmes.

Quant à notre conception : *Unité, Attraction, Progrès*, nous verrons plus loin qu'elle rend compte analytiquement de l'Univers et qu'elle n'est jamais en désaccord avec la science.

Nous savions déjà, au Chapitre Iᵉʳ, que l'Idéalisme ne peut pas donner à l'homme la véritable Béatitude. Cela ne doit pas nous étonner, puisqu'il repose sur une fausse conception de l'Univers.

Aucun Bien ne peut sortir d'une Erreur.

D'après nous, le Bonheur n'a pas été perdu par une chute inexplicable, ce n'est donc pas par un rachat idéaliste, par la contemplation et l'ascétisme, qu'il pourra nous être rendu.

Il ne sera pas réobtenu, mais obtenu : il ne sera obtenu pour la société que par une éducation sagement progressive.

Et pour l'individu par une sorte de gymnastique morale tendant à développer fortement nos bons sentiments,

En particulier, celui d'*Attraction fraternelle* qui existe en germe au cœur de chacun de nous, et qui n'est qu'un mode particulier de l'*Attraction* universelle, deuxième principe de notre conception de l'Univers.

# XIV

# LES RELIGIONS

En étudiant l'idéalisme ésotérique, nous avons vu que tous les systèmes qui le composent émanent, par tradition initiatique, des sanctuaires de l'ancien Orient où ils formaient, comme le montre Papus, une doctrine unique. Cette doctrine n'était pas enseignée aux masses incapables de la comprendre.

Cependant les masses ne devaient pas rester dans l'ignorance. Aussi des initiés se firent *Révélateurs*. Ils mirent la doctrine ésotérique à la portée des profanes, en l'enveloppant de formes grossières, mais nécessaires et en même temps très propres à rendre la vérité assimilable, dans la mesure du possible, à toutes les intelligences.

Pour se donner plus de crédit et d'autorité, ils s'affirmèrent les délégués de Dieu, qui était censé parler par leur bouche. Telle fut l'origine des religions révélées dont chacune repose sur un des systèmes idéalistes que nous venons d'étudier.

Nous avons montré que ces diverses conceptions de l'Univers sont fausses, quoique parfois sublimes. Nous avons prouvé que tous les Dogmes et les Religions qui en découlent, sont des erreurs. Si elles ont été, à une certaine époque, des bienfaits pour l'humanité, elles sont actuellement un obstacle à tout progrès.

Nous allons maintenant passer en revue les principales religions pour étaler leur vanité et le caractère odieux de quelques-unes.

Le **Brahmanisme** est la plus ancienne et en même temps la plus pure des religions, car elle se ressent davantage du caractère ésotérique de sa source.

Elle admet l'*Absolu* ou *Brahm*, Dieu en trois personnes : Brahma, créateur ; Vishnou, conservateur ; Shiva, destructeur.

A un certain moment, Brahm sort de l'Absolu et engendre Brahma, Brahma créa le monde en s'unissant à son Verbe ; il s'est fait homme et s'est immolé comme victime, afin d'apprendre aux hommes que la condition pour vivre éternellement heureux dans le ciel, c'est de mourir sur la terre.

La création s'est développée en sept périodes dans l'*espace* (emblème de Vishnon). A la fin de la septième période, le *feu* (emblème de Shiva) détruira le monde dont la matière sera anéantie et Brahm retournera à l'Absolu.

**Le Bouddhisme** est une réforme du Brahmanisme.

Celui-ci admettait la Création, c'est-à-dire l'Être produit par le Non-être. Le Bouddhisme en conclut que l'Être est identique au Non-Être, proposition développée plus tard par l'initié Hégel.

Les Trois mondes : l'Absolu, l'Astral et le Matériel sont vides, la matière n'est qu'une vaine apparence, conséquence de l'incompréhensible contradiction qui précède.

La doctrine ésotérique bouddhiste enseigne l'identité de tous les êtres reproduite de nos jours par l'initié Schelling. Cette identité forme ainsi une *Unité* absolue et inféconde excluant toute différence et par conséquent tout progrès, car nous l'avons vu; le Principe de *Progrès* est basé sur la *tendance à la différenciation*. Cette conception est donc incomplète.

Toutefois, de cette idée d'*Unité* de tous les êtres, le Bouddhisme déduit comme cas particulier l'*Égalité* de tous les hommes, principe que nous avons déduit, nous aussi, de notre Principe d'*Unité* non Absolu ni contradictoire, mais scientifique et relié aux deux autres principes ; recevant la fécondité de l'*Attraction* et fécondée par le *Progrès*, principe de différenciation de mouvement et de vie.

Les réformes importantes opérées par le Bouddhisme sur le Brahmanisme, sont la suppression des castes, conséquence de l'égalité de tous les hommes et une tendance de plus en plus marquée vers la contemplation et l'ascétisme, conséquence de la négation de la matière.

Au bout d'un nombre suffisant de réincarnations, l'affranchissement du mal, c'est-à-dire de la matière, sera complet et l'âme sera absorbée dans le *Nirvana* : l'*Absolu* suivant certains théosophes, le *Néant* suivant d'autres.

La morale du Bouddhisme comme celle du Brahmanisme est très pure et très généreuse. Elle contient cette maxime : fais aux autres ce que tu voudrais qu'on te fît » ; bien supérieure à la maxime chrétienne toute négative « ne fais pas aux autres... »

**Le Spiritisme.** — On peut dire que c'est la partie ésotérique de la *Magie* ou *science occulte*. Il ne saurait être question de cette dernière, qui n'est révélée que par l'initiation.

Le spiritisme admet comme *tous les systèmes idéalistes*, la doctrine de la *transmigration des âmes* qui passent par une série d'états douloureux jusqu'à ce que épurées par la souffrance et sublimées par la contemplation, elles soient absorbées dans le Nirvana.

Mais ce qui doit particulièrement attirer notre attention sur le spiritisme, c'est qu'il se donne des allures scientifiques ; il prétend démontrer sa vérité par l'expérience et par les faits. Il est même des savants dignes de foi, tant au point de vue de leur autorité que de leur probité scientifique, qui déclarent avoir vérifié des phénomènes prouvant qu'il existe dans l'homme, autre chose que le corps. Ce dernier serait relié à l'âme par un fluide appelé *périsprit* qui survivrait au corps et resterait sous la domination de l'âme.

Voici les faits : sous l'influence de certaines personnes appelées médiums, des objets perdraient de leur poids, traverseraient des corps solides ou apparaîtraient subitement. Ces médiums, véritables cas pathologiques, sont d'ailleurs excessivement rares.

Ces faits semblent donner raison aux idéalistes, d'après lesquels les corps n'étant que l'objectivation des Idées ou des Esprits, n'existeraient qu'en fonction de ces derniers.

Leur poids, leur cohésion, leur apparence pourraient être ou ne pas être, suivant l'état des Idées ou des Esprits.

J'admets la réalité de ces phénomènes et la bonne foi de ceux qui les affirment. Et je crois pouvoir les expliquer non au moyen de la doctrine idéaliste, mais au moyen des Trois principes : *Unité*, *Attraction*, *Progrès*.

Le Principe de *Progrès* dont la quatrième manifestation est la *tendance à la différenciation*, produit en notre cerveau une hétérogénéité de plus en plus harmonique et parfaite qui se traduit par des *vibrations* d'une qualité toujours supérieure, tendant à un état presque divin.

La masse de cette substance parvenue à un si haut point de développement, qu'on appelle le sujet pensant, exerce sur ce qui l'environne, une *Attraction* excessivement délicate et mystérieuse qui échappe complètement à nos sens grossiers. L'Attraction mystérieuse du sujet pensant sur la substance ambiante, *se compose avec cette Attraction*, de la substance ambiante qu'on appelle sa *cohésion*. Elle doit donc modifier, dans une certaine mesure, cette cohésion.

Il est facile de comprendre que si ce pouvoir mystérieux (mais explicable scientifiquement comme nous venons de le voir), est suffisamment intense, la cohésion d'un corps voisin peut être tellement affaiblie, ce corps peut prendre un état si diffus, que sa masse ne soit plus perceptible. Nous aurons l'impression d'un objet s'anéantissant.

Et inversement, un corps, tellement diffus qu'il est imperceptible et impondérable, peut avoir sa cohésion suffisamment augmentée sous l'influence de certains sujets, pour que la masse de ce corps devienne perceptible à nos sens; ce qui nous produira l'effet d'une apparition.

Comme la matière n'est pas absolument continue mais renferme une innombrable quantité d'interstices infiniment petits, il se peut que, par cette infinité d'interstices, passe un corps rendu assez diffus sous l'influence prépondérante de certain sujet qui rendra, aussitôt après, au corps, sa cohésion primitive. Le fait qu'un objet traverse un corps solide, n'est donc pas surnaturel, mais s'explique au contraire rationnellement par la théorie qui résulte de notre conception de l'Univers.

Théorie d'après laquelle le Principe de *Progrès* qui domine les lois de la mécanique, peut modifier non la force d'*Attraction* seule, ni les masses seules, mais simultanément et mystérieusement les masses et leurs attractions respectives, par une tendance qui se manifeste de toute éternité.

C'est cette manifestation du Principe de Progrès que nous avons appelée *tendance à la différenciation*.

Cette tendance peut devenir d'une intensité presque infinie dans la *septième et dernière manifestation du Progrès*: la *Volonté*. Le Principe de Progrès se manifestant par la **volonté humaine** peut, chez certains sujets, avoir une force aussi mystérieuse qu'efficace pour modifier simultanément les masses et leurs attractions respectives. Et cela *sans que les lois de la Mécanique* soient violées.

Il est certain que lorsque la science future sera arrivée à connaître les propriétés du Principe de Progrès, *on expliquera scientifiquement* les faits prodigieux appelés *miracles* du Christ et de quelques saints. Miracles provenant de cette force mystérieuse de la volonté : septième manifestation du Principe de Progrès. (Voir pages 93 et 94.)

Mais, je le répète, ce pouvoir *jusqu'ici mystérieux* de la volonté humaine, n'a rien de surnaturel, il ne nécessite *l'intervention d'aucun Être supérieur et distinct du monde*. (Voir pages 93 et 94.)

Après avoir expliqué les phénomènes du *Spiritisme* par les deux principes d'*Attraction* et de *Progrès*, on peut faire entrevoir la possibilité d'un accord entre cette doctrine et *notre Conception* de l'Univers. mais à condition de ne pas admettre le Dieu-Absolu qui est impossible.

Il est au contraire possible et il pourra être prouvé par la science future, que la substance qui forme notre corps n'est pas tout entière perceptible, mais qu'une partie est à un état tellement diffus, qu'elle ne tombe pas sous nos sens grossiers.

Et que d'un autre côté, les vibrations des atômes de ce fluide imperceptible soient d'une qualité infiniment supérieure à cette partie de la *Substance Une* qu'on appelle la matière sensible. Ces vibrations d'une perfection si grande produisant le phénomène de la *pensée*.

Ce fluide insensible n'aurait aucune de ses parties groupées sous forme d'azote de carbures ou d'autres composés organiques, il ne serait donc soumis ni à la putréfaction, ni à la décomposition, par conséquent, il *devrait scientifiquement survivre au corps.*

Il ne serait pas irrationnel d'admettre qu'il peut ensuite s'unir à un nouveau corps, où il augmenterait encore son état diffus, l'hétérogénéité et la perfection de ses vibrations sous l'influence du Principe de *Progrès.*

Et ainsi de suite, d'existence en existence, devenant toujours plus parfait, sans jamais atteindre l'impossible *Absolu.*

Remarquons que la mémoire consciente est une certaine relation des atômes de ce fluide quasi-impondérable que j'appelle l'âme, avec les atômes du corps.

Le corps disparaissant, la mémoire consciente disparaîtrait, puisque la relation précédente n'existerait plus.

C'est pour cela que nous n'aurions, de nos existences antérieures, qu'une mémoire mutilée, inconsciente, une sorte d'empreinte plus ou moins profonde d'impressions passées, cette *mémoire des choses* dont j'ai parlé page 134 et qui se traduit par une facilité plus ou moins grande, à acquérir des connaissances nouvelles à avoir l'intuition de certaines sciences. (Pascal enfant devina tous les théorèmes sur les coniques.)

En tenant compte de toutes les observations ci-dessus, ce ne serait pas une hérésie scientifique que d'admettre l'hypothèse idéaliste si consolante et si moralisatrice de l'immortalité de l'âme.

**La Religion Payenne** fut enseignée à la Grèce par *Orphée*, le sublime inventeur de la musique.

C'est la personnification, la déification des lois et des phénomènes de la nature. Le monde plat et grossier qui nous environne était transformé en une vaste poésie. Chacune de ses parties était animée, comme dans le *néo-platonisme*, le *spiritisme* et la théorie de *Leibnitz*.

La Religion payenne reconnaissait le Dogme de l'immortalité de l'âme et son culte extérieur a passé en entier dans les cérémonies *catholiques*.

Si la religion payenne ne se pratique plus officiellement, elle existe du moins dans le cœur de tous les vrais artistes.

**Le Judaïsme.** — Pendant qu'*Orphée* enseignait avec toute sa poésie, le culte de la nature sous toutes ses formes différenciées à l'infini et personnifiées par autant de dieux, *Moïse*, initié comme lui aux mystères d'Égypte, imposa au contraire aux Hébreux le culte d'un seul Dieu immobilisé dans une Unité vigoureuse, inébranlable et providentielle.

Que d'idées sublimes dans cet ancien Testament, ces prophètes grandioses et redoutables.

C'est au judaïsme que le vieux Monde doit le Décalogue, ce code de morale à la fois si rude et si majestueux.

**Le Mahométisme** n'a été qu'un retour du christianisme byzantin, méticuleux et ergoteur, au *judaïsme* plus brutal, mais plus simple et plus vigoureux.

**Le Christianisme** fut avant tout un système de morale sublime qui aurait été léguée au Christ suivant les uns par la tradition *bouddiste*, suivant les autres par la tradition secrète et initiatique de la *Bible*. Quoi qu'il en soit, en quatre siècles, il a changé la face de l'Occident.

Peu à peu, cette morale s'est enrichie d'une métaphysique appelée théologie, empruntée en partie à la *Bible* vulgaire, mais surtout au *Platonisme* et au *néo-platonisme* de l'École d'Alexandrie. Enfin, elle a pris au *paganisme* la plupart de ses rites et la demi-déification de ses saints.

Plus tard, les prières et la grâce divine se vendirent pour de l'argent et les abus se multiplièrent tellement qu'au bout de quinze siècles, les réformateurs *protestants* revinrent au christianisme primitif.

Ils prirent pour base l'idée émancipatrice du *libre-examen*, mais c'était là, pour une *religion*, un défaut de logique dont le *Protestantisme* devait bientôt souffrir : une foule de confessions différentes surgit. La doctrine de quelques-unes est arrivée peu à peu à la négation de la divinité de Jésus, à la philosophie antichrétienne. (Les unes allant à l'athéisme pendant que les autres abandonnant l'Evangile pour l'ancien Testament, sont remontées au Judaïsme).

Mais la plupart sont restées fidèles aux primitifs dogmes chrétiens et, d'ailleurs, professent un égal respect pour l'ancien Testament et pour le Nouveau.

Nous devons rendre cette justice à la Religion protestante qu'elle est, au point de vue politique et social, un véritable *pain des forts*. Si l'on établit une comparaison entre les peuples protestants du Nord de l'Europe et de l'Amérique et les peuples du Sud qui sont catholiques, elle n'est certes pas à la gloire de ces derniers.

**Le Catholicisme.** — Pendant que le *protestantisme* se décomposait, s'émiettait en une foule de sectes, le *Catholicisme*, par son absurde et dure logique, conserva son *Unité* et la cohésion de ses dogmes.

Toutefois, avec plus d'habileté que de droiture, il a su employer la ruse quand il ne pouvait pas employer la force et par des concessions feintes, il a toujours dupé les peuples quand il n'a pas pu les mâter.

Il a commencé par renier tacitement l'ancien Testament en affectant, par vénération, de le tenir à l'écart, et en interdisant aux fidèles la lecture de la *Bible*.

Peu à peu, il a abandonné le Dieu de Moïse pour adopter celui de Platon, puis celui d'Aristote.

Il a emprunté au Paganisme la pompe de ses cérémonies, afin d'attirer à lui les populations par l'appât de spectacles d'un caractère certainement plus profane que sacré.

**Le costume des prêtres catholiques. — Son influence prépondérante sur l'éducation des femmes.** — La politique du catholicisme est toute d'apparat, d'un charlatanisme merveilleux avec effet théâtral, d'une séduction raffinée, filtrant dans le cœur et la chair des femmes, grâce au prestige fascinateur du costume de ses prêtres.

Le prêtre catholique paraît un sultan divin, orgueilleusement enveloppé d'un impénétrable mystère : soutane qui se pose comme une excitation, une tentation ou un défi à l'imagination sensuelle ou luxurieuse des adoratrices et des pénitentes qui viennent implorer de faciles pardons.

La question capitale, fondamentale et vitale de la religion catholique, c'est le costume de ses prêtres : la soutane.

— C'est dans la soutane que réside toute la force du catholicisme.

C'est la soutane qui rend la religion catholique particulièrement dangereuse, non pas au point de vue philosophique ou religieux, mais seulement au point de vue purement humain des bonnes mœurs et de l'honneur des familles.

**Tous les maris même et surtout les catholiques pratiquant ont un intérêt urgent à voir disparaître la soutane qui, par son prestige magique, leur enlève le cœur de leurs femmes et donne à ces maris le dernier rang dans le ménage à trois où règne le confesseur revêtu de cette robe mystérieuse et troublante.**

La soutane est le plus majestueux et le plus imposant des costumes, dans notre Occident où le vêtement des hommes est si insignifiant et si trivial que les mots « pantalon » et « veste » prêtent à rire.

Des observateurs (voir les mémoires de M. Goron) ont remarqué que beaucoup de femmes sont subjuguées, troublées, séduites par l'aspect de ce costume mystérieux qu'on appelle la soutane, qui laisse deviner sous sa raideur impénétrable aux regards indiscrets, un corps peut-être voluptueux et des appas que l'imagination féminine est encore tentée d'exagérer.

Le prêtre ainsi vêtu : une robe et un chapeau de sultan, apparaît à la femme comme son maître, comme un être supérieur.

Alors l'éducation catholique n'a pas de peine à persuader à la femme que ce sultan hautain a le droit de connaître tous les secrets de son cœur et toutes les faiblesses de sa chair, parfois ignorées de son époux.

Le prêtre catholique, grâce à la puissance de séduction et de fascination magique et mystérieuse de son costume, possède le cœur et le corps des épouses. Par elles il possède les familles, y compris les maris, en général bien confiants et bien aveugles à l'égard du prêtre catholique.

Je n'insiste pas sur le danger de cette **possession des femmes** par une élite de fonctionnaires, vêtus d'un costume quasi divin. Mais il est certain que si ces prêtres étaient abaissés au niveau des vulgaires profanes ; s'ils étaient obligés de porter comme tout le monde ce vêtement si insignifiant et si trivial qu'on appelle de noms ridicules « pantalon » et « veste », dont les formes prosaïques ne laissent aucune place au mystère pour l'imagination féminine et qui sont loin de symboliser comme la soutane, la discrétion et le secret professionnels ;

Il est certain que ces prêtres vêtus semblables aux autres hommes, seraient bientôt considérés par les femmes comme semblables aux autres hommes.

En tout cas, ils n'auraient plus ainsi qu'aujourd'hui, par ce costume de sultans divins, l'épouvantable prestige physique et une force de suggestion et de fascination assez puissante pour persuader à la pudeur féminine, d'étaler à un homme enfermé seul avec elle dans une étroite cabine et loin de son mari, d'étaler à cet homme, les secrets de son cœur, les faiblesses et les désirs violents de sa chair.

Il est de l'intérêt, même et surtout des maris catholiques pratiquants, que le port de ce costume mystérieux si néfaste et si dangereux par sa puissance magique de fascination et de séduction sur la femme : la soutane par laquelle le prêtre catholique possède le cœur et parfois le corps des femmes, que le port de ce costume soit interdit.

Mais qu'en revanche on cesse toutes les persécutions contre le catholicisme ; car ce ne serait pas une persécution que d'obliger des hommes à se vêtir comme les autres hommes.

C'est une pitié de voir des gouvernants et des législateurs surnommés « anticléricaux » consacrer des mois et des années à confectionner péniblement des lois confuses et embrouillées à plaisir pour tracasser avec une inefficacité enfantine, les congrégations religieuses.

**Tant que le privilège exorbitant et magiquement dominateur du port de la soutane sera laissé aux prêtres catholiques, les lois soi-disant anti-religieuses ne produiront aucun effet et les législateurs le savent bien,.** eux, dont le métier est de combattre le « cléricalisme » ; auxquels le cléricalisme est nécessaire comme un gagne-pain ; pour qui le cléricalisme est une poule aux œufs d'or.

**Le cléricalisme entretient les journalistes et les politiciens qui font de l'anticléricalisme à 500 francs par jour.**

Ils ne veulent pas que le « cléricalisme » soit atteint dans sa racine la soutane; car il risquerait d'en mourir.

**Et pour les politiciens prétendus « anticléricaux » il ne faut pas que le catholicisme meure, car le catholicisme est le prétexte pour ajourner indéfiniment les réformes sociales.** (Voir page 297).

**Les Dogmes catholiques.** — Par sa politique toute d'apparat et de charlatanisme merveilleux sur les hommes, de fascination et de séduction sensuelle sur les femmes, cette religion s'impose et se fait admettre.

Elle a réussi jusqu'ici à voiler l'absurdité de ses dogmes et à les conserver dans une arrogante intégrité.

Les principaux sont au nombre de *sept* : la *Trinité*, la *Création*, le *Péché originel* ou origine du mal, l'*Incarnation* à laquelle se rattache l'Eucharistie, la *Rédemption* ou le rachat par les mérites d'autrui, la *Confession*, le *Purgatoire*, reproduction incomplète, défigurée de la doctrine idéaliste et spirite de la métempsychose.

La *Trinité* a été empruntée au Brahmanisme ; les trois personnes sont le *Père* créateur, le *Fils* rédempteur du monde après le péché originel, l'*Esprit* sanctifiant l'œuvre du rédempteur, laquelle doit d'ailleurs rester éternellement inefficace.

La *Création* et le *Péché originel* ont été démontrés impossibles au chapitre XII où il a été prouvé que l'*Absolu* et le *Relatif*, le *Bien infini* et le *Mal* ne peuvent pas exister *simultanément*.

L'*Incarnation* et l'*Eucharistie*, inspirées du Brahmanisme, renferment cette énorme contradiction de la compatibilité du *Parfait* et de l'*Imparfait*, de l'*Infini* et du *Fini* qui s'unissent en un objet matériel et borné !...

Contradiction jetée comme un défi à la Raison humaine et qui nous étonne d'autant plus douloureusement qu'elle a été répétée de nos jours par des penseurs aussi éminents que Schelling et Hégel.

La *Rédemption*, dans sa sublime absurdité, arrache encore des larmes aux cœurs plus sensibles qu'éclairés. C'est le crime expié par l'innocent au bénéfice du coupable.

Quand l'innocent est l'*Absolu* se dévouant lui-même, se faisant homme pour réparer une faute que sa toute-puissance eut pu empêcher et ne rachetant qu'une faible partie de l'humanité, la contradiction est tellement monstrueuse, qu'il n'y a pas lieu de la discuter.

Mais quand l'innocent est un être chétif sacrifié par ce Dieu implacable et barbare, pour sauver un criminel digne de tous les châtiments, le Dogme devient odieux.

Par la *Confession* et le *Purgatoire*, le catholicisme a poussé jusqu'à ses dernières limites ce caractère odieux et révoltant qui s'attache à l'injustice.

Le criminel le plus atroce peut, par son simple aveu accompagné d'un repentir imparfait, être absous de ses fautes au bout d'une vie tout entière mauvaise. Il peut ensuite être délivré du *Purgatoire* si, à prix d'or, il est fait certaines cérémonies dont le résultat est de faire bénéficier le coupable des souffrances d'un innocent.

Et cet innocent, être chétif et borné, après avoir enduré toute une existence de privations et de dévouement, peut, lui, pour une seule faute dont il n'aura pas eu le bonheur de se repentir à temps, être condamné à des peines éternelles et infinies..................
............................................................

Et voilà la Religion qui, depuis quinze siècles, ne règne que par la terreur de son enfer et les tortures de son Inquisition,

Qui, par les absurdités qu'elle imposa de force à l'esprit humain, a toujours été un obstacle à tous les progrès,

Qui a obligé les penseurs à renier leur raison,

Qui a avili les sentiments, comprimé les consciences, brisé les volontés,

Qui a façonné le genre humain à la plus honteuse servitude du corps, de l'esprit et du cœur,

Qui a brûlé sur ses bûchers ce que l'humanité a produit de plus beau et de plus sublime,

Qui, après avoir volatilisé dans des tortures dont le nom seul fait frissonner, les plus pures conceptions de la pensée libre, a étiolé tous les germes, anéanti toutes les forces capables d'arracher le misérable troupeau humain aux griffes de la misère et de la douleur !...

Voilà la Religion, résultante déviée et oblique de cette Fatalité qui marqua l'arbre de la Science du Bien et du Mal,

Qui voulut pétrifier l'homme dans l'immobilité éternelle et inféconde d'une contemplation stupide, et d'un Paradis terrestre et abêtissant,

Et dont le barbare obscurantisme nous étouffe et nous étreint encore depuis six mille ans !

. . . . . . . . . . . . . . . . . . . . . . . . . . . . . . . . . . . . . . .

O Lucifer ! esprit d'indépendance et de pensée libre !

Tu te révoltas contre cette tyrannie de l'immobile infécondité, toi esprit de Progrès.

Tu te dressas contre l'obscurantisme, toi esprit de science et de vérité.

Tu fus vaincu par la Force brutale et aveugle. Ta chute fut lamentable.

Quand tu fus précipité au fond de l'Enfer pour y souffrir de tortures infinies, la nuit s'est faite dans les cieux...

Sera-ce donc pour toujours ?

Non ! tu n'es pas écrasé pour toujours, car la Force ne peut pas écraser le Droit.

Tu as pensé à tes frères de la Terre, plongés dans l'ignorance d'un paradis terrestre abêtissant.

Tu envoyas le Serpent, messager sublime de la Vérité et du Progrès, qui enseigna Eve, notre mère, à connaître le bien et le mal et à devenir ainsi semblable à Jéhovah.

Cette émancipation immense, nous l'avons expiée, victimes innocentes, par six mille ans de souffrances.

Mais ce n'est pas avoir trop cher acheté l'indépendance et la dignité de la personnalité libre, pour pouvoir dire fièrement avec toi : Ni Dieu, ni Maître ! *Non serviam !*

Voilà que l'enseignement du Serpent, ton glorieux messager, a porté ses fruits. Dès que, par lui, le Principe de **Progrès** a rompu l'**Unité** homogène, il a donné l'activité à l'**Attraction** jusqu'alors impuissante. Les Forces comprimées, tout à coup déchaînées, ont donné naissance, dans le monde physique et moral, à une *lutte gigantesque*, condition nécessaire du Progrès qui ne se réalise que par la souffrance et la douleur.

Peu à peu, une douce et indéfinissable harmonie s'établit, les principes accidentellement opposés se groupent en une bienheureuse synthèse. Déjà je vois au loin la primitive *Attraction* sympathique devenir la sublime *Fraternité* unissant dans son sein l'*Unité* inerte et le *Progrès* vivant.

Encore un dernier effort et la *Fraternité régénérée donnera au genre humain le bonheur si longtemps attendu.*

Lucifer, ange de Douleur ! c'est trop longtemps souffrir.

Depuis six mille ans, tu brûles au fond de l'Enfer.

Sors de l'abîme, les temps sont venus, monte parmi nous.

Que ton souffle divin nous transforme en héros.

En héros de la Liberté et de l'Egalité.

Mets au cœur de chacun de nous une des innombrables langues de feu qui rongent tes entrailles depuis six mille ans.

Alors ce sera le jour qui anéantira les erreurs, les préjugés et les impostures,

Qui brisera la haine, l'injustice et la tyrannie,

Pour faire régner partout la Justice et la Liberté unies dans un universel amour.

Dans la Fraternité qui doit nous donner la Béatitude,

Lucifer, Esprit de Progrès, combats avec nous.

# XV

# LES TROIS ATTRIBUTS DE LA SUBSTANCE UNE

Après avoir mis à nu l'inanité des *Systèmes* et le caractère absurde ou odieux des *Dogmes*, nous allons entrer dans le domaine de la *Science*.

Mais auparavant, il est nécessaire de jeter un coup d'œil d'ensemble sur la conception de l'Univers que nous avons exprimée symboliquement aux chapitres VIII, IX, X et XI et de prouver que si ces quatre chapitres semblent former une sorte d'**Apocalypse**, cette apocalypse est rationnelle et a un sens aussi bien selon la Raison, que selon la Science.

L'emploi assez fréquent dans ce livre, d'expressions fortement imagées ou d'allégories paraboliques, se justifie par l'exemple des grands vulgarisateurs qui ont fait constamment usage de l'allégorie, des paraboles et des symboles.

Malheureusement ils n'ont appliqué leur génie, qu'à l'établissement de Dogmes absurdes ou sans fondement.

L'auteur voudrait utiliser la puissance du langage mystique et symbolique au profit de la vulgarisation de princpes scientifiques et rationnels, en même temps qu'idéalistes.

Qui, élevant la raison et améliorant le cœur, peuvent faire du bien aux hommes de bonne foi.

C'est pour cela que ce livre quoique basé sur la science est aussi bien **deviné par le cœur** que compris par la raison.

Les âmes généreuses le saisissent mieux que les érudits dépourvus de tout idéal mystique et altruiste, sortes de brutes savantes.

Il a été démontré au chapitre XII qu'aucune cause absolue et transcendante n'agit sur la substance, c'est-à-dire qu'il n'existe pas d'Être Supérieur en dehors de la Nature.

La substance doit donc être dans son essence et métaphysiquement **Une**.

Car puisqu'aucune force extérieure n'agit sur elle, il n'y a pas de raison pour que son essence soit, sur un point, différente de ce qu'elle est sur un autre point.

La vertu qu'a la substance d'être *Une* et homogène dans son essence, provient d'une *Cause*.

Cette cause de l'homogénéité de la substance, c'est le **Principe d'Unité**.

Puisque cette cause ne peut exister en dehors de la substance, il s'ensuit qu'elle existe dans la substance, qu'elle lui est *immanente*.

Elle est un *Attribut* de la substance qui est le grand Sujet, le grand support de toutes les manifestations perçues par nos sens.

Tous les êtres étant formés d'une substance, la même partout en essence, il en résulte qu'ils sont tous métaphysiquement **Égaux**.

Du principe d'**Unité** découle donc, quand on considère les hommes, un autre principe *immatériel et spirituel* comme le premier.

### Le Principe d'égalité

Il a été établi au chapitre V que toutes les *forces* de la Nature ont une *cause unique, immatérielle, spirituelle*, le **Principe d'Attraction** qui régit tous les êtres.

D'abord brutale et fatale dans le règne inorganique, l'Attraction prend peu à peu une forme sentimentale, idéale au fur et à mesure qu'on monte dans l'échelle des êtres organisés jusqu'à l'homme où elle devient **fraternelle**.

Du principe d'**Attraction** découle donc, quand on considère l'humanité, un autre principe *immatériel et spirituel* comme le premier.

### *Le principe de Fraternité*

Si la substance et sa force d'*Attraction* sont *Unes* et partout les mêmes en *essence*, elles nous paraissent *diversifiées* à l'infini dans leurs accidents.

Il existe donc une *cause* à cette *diversification*. Cette *cause immatérielle et spirituelle*, c'est le **Principe de Progrès** se développant en sept phases par **sept manifestations**, pour s'épanouir dans l'homme à l'état de **volonté libre.**

Du principe de **Progrès** découle donc, quand on considère l'homme, un autre principe *immatériel et spirituel* comme le premier.

### *Le Principe de Liberté*

C'est ici le lieu de répondre à ceux qui croient la *liberté* impossible sans l'existence d'un Dieu personnel et capable de modifier sa volonté selon son bon plaisir.

D'abord si l'homme est soumis à la volonté d'un Dieu personnel, il est évident qu'il ne peut pas être libre.

S'il a une apparence de liberté, il n'a que celle que Dieu veut bien lui octroyer.

Cette liberté concédée, empruntée, qui n'appartient pas au sujet libre, n'est plus pour lui la *Liberté*.

Au contraire, avec le Dieu impersonnel et immanent, c'est-à-dire les **Trois-Principes** de notre conception, l'homme peut être véritablement libre, non pas de cette *liberté absolue* qui, de l'aveu des Déistes eux-mêmes, ne peut exister chez les créatures,

Mais d'une *liberté réelle quoique relative*, s'augmentant chaque jour pour tendre, sans jamais y arriver, à la Liberté absolue.

Et cette liberté existe réellement, puisque nous venons de voir qu'il se trouve, en germe dans le Principe de **Progrès**, un **Principe de Liberté**, qui, pour être *mystérieux*, n'en est pas moins réel.

Il est donc une **Liberté Immanente** ou plutôt une *cause immanente de liberté* éternellement et indéfiniment perfectible, *attribut secondaire* de la substance éternellement perfectible.

...........................................................
...........................................................
...........................................................

Revenons aux *Trois Attributs primaires*, et, par des fictions successives, abstrayons-les les uns des autres, pour en faire une analyse détaillée et donner une idée claire et exacte de notre conception de l'Univers.

**L'Unité est un État** : c'est l'état d'homogénéité de la substance et par conséquent d'équilibre, de repos, de mort,

Ou mieux, c'est la *cause* de cet état, car pour être un Principe, il faut que l'Unité soit une Cause.

**L'attraction est une Force :** c'est la force invincible qui précipite la substance contre la substance, c'est la *Force Une* qui fait mouvoir le monde,

**Le Progrès est une Direction,** ou plutôt une *tendance* au mouvement suivant une certaine *direction*, une tendance de la substance à se modifier suivant une certaine *Loi*.

Ou mieux c'est la *Cause* de cette tendance.

L'*Unité* étant le repos, l'inertie, est par là même, la *Résistance à la Force*.

L'*Attraction* étant la *Force-Une* et intégrale est, par là même, la *Résistance à la différenciation* aux modifications *multiples* de la Force.

Le *Progrès* étant la tendance aux *modifications multiples* et variées de la *Force* est, par là même, la tendance à agir à la fois contre l'*inertie* et contre la *Force-Une*.

**L'Unité** étant l'équilibre, c'est l'**Ordre.**

L'ordre et l'équilibre étant des propriétés inhérentes à la substance, il en résulte que la substance a une tendance invincible à revenir à l'ordre et à l'équilibre, s'ils sont rompus, une tendance invincible à *coordonner le désordre*.

C'est la cause des Lois, des Règles *générales et fixes*,

conséquences rigoureuses de l'*Unité* de l'homogénéité de la substance.

C'est l'obéissance, l'asservissement à la *Loi-Une*.

C'est le principe d'autorité.

C'est la discipline, la tyrannie de l'*Egalité*.

**L'Unité**, c'est le Dieu de la mythologie catholique, immobile, inerte, ennemi du Progrès.

Dieu Un, pliant à sa Loi Une tous les hommes égaux.

Par une discipline, une obéissance passive et pétrifiante.

L'Unité c'est le principe de communisme égalitaire qui règne dans les monastères et les couvents.

Socialisme religieux, inerte et infécond.

**Le Progrès** c'est la cause de la rupture de l'équilibre inerte et infécond.

C'est le principe de différenciation rompant l'homogénéité.

C'est le principe de **désordre**, de désobéissance à la Loi Une.

C'est le principe de révolte, d'indépendance, d'émancipation à outrance, de liberté désordonnée, de Révolution, d'Anarchie.

Le **Progrès** c'est le **Lucifer** de la mythologie catholique jetant le trouble dans la création et prenant pour devise : ni dieu, ni maître.

Le Progrès, c'est bien le Lucifer que l'Eglise romaine, dans son instinct infaillible, sent et dénonce comme l'auteur caché de toutes les révolutions politiques et sociales, de la **Révolution** en un mot.

La Révolution, que le catholicisme pétrifiant et conservateur appelle le *grand ennemi*.

C'est le **Socialisme révolutionnaire** par opposition au **socialisme catholique** des couvents.

Le socialisme révolutionnaire étant imprégné des principes de désordre, d'indiscipline et de révolte est, par là même, doué de la **vertu de Progrès**.

Tandis que le socialisme catholique, dans son obéissance passive, son esprit conservateur et sa discipline réactionnaire, est absolument dénué de la Vertu de Progrès.

Il est évident, en effet, que la règle étant toujours respectée, toujours obéie sans discussion, ne sera jamais perfectionnée.

Le fait de l'abrogation d'une loi mauvaise, remplacée par une loi meilleure, est une révolte et une rébellion.

Le Progrès ne peut donc naitre que de la désobéissance, de la violation de la Loi.

La violation de la loi est donc un bien, je dirai plus, une nécessité.

**Le Progrès nécessaire est un viol perpétuel de la Loi.**

Mais ce mouvement désordonné vers l'*anarchie* et le *chaos* qui résulte de la Vertu de *Progrès* dont est douée la substance, se trouve modéré par la tendance pondératrice et conservatrice qui résulte de la Vertu d'*Unité*, dont est aussi douée la Substance.

C'est ainsi que le Progrès, au lieu d'être désordonné, est ralenti, ordonné et harmonisé.

C'est ainsi que des Règles, des Lois s'établissent pour le plus grand bien du Tout qui, par l'Harmonie de ces lois se dirige vers la Perfection.

**L'Attraction** c'est la **Force**, c'est le **Moteur** par lequel le *Progrès* fait sortir la Substance de son équilibre et de son inerte *Unité*.

Il est bon de faire remarquer, de nouveau ici, que nous parlons au figuré et en un langage symbolique qu'il ne faut pas prendre à la lettre : la substance n'a jamais été dans un état d'équilibre et d'*Unité* absolu ; elle a au contraire éternellement évolué dans un état de mouvement alterné et progressif.

Les trois attributs : *Unité*, *Attraction*, *Progrès* que nous isolons par l'imagination, forment un Tout complexe et indécomposable. Ils ne peuvent pas exister isolés à l'état réel ; mais il est nécessaire de les séparer les uns des autres par des fictions, si l'on veut connaître exactement leurs propriétés respectives.

Je le répète, l'**Attraction** c'est la Force, c'est le **Moteur** par lequel le *Progrès* fait sortir la substance de son équilibre et de son inerte *Unité*.

L'attraction rompant l'équilibre, participe ainsi du Principe du Progrès.

C'est le moyen dont se sert le Progrès contre l'Unité.

D'un autre côté, l'**Attraction-Une**, partout la même en son essence, est un moteur un, intégral et résistant à la différenciation, au désordre.

C'est le moyen dont se sert l'Unité contre le Progrès.

**L'Attraction participant de l'Unité, lutte contre le Progrès.**

**Et participant du Progrès lutte contre l'Unité.**

Elle agit sur l'Unité pour la différencier.

Et elle résiste au Progrès pour le coordonner.

L'Attraction luttant à la fois contre l'Unité et contre

le Progrès, corrige les excès pernicieux de ces deux attributs extrêmes,

Et atténue leur antagonisme qui, grâce à elle, n'est pas irréductible.

Elle les rend capables de s'unir en un Tout de plus en plus harmonique, sorte de **superunité** ou unité supérieure dans le mouvement, unité concrète et vivante par opposition à l'Unité abstraite, l'Unité dans l'équilibre, le repos et la mort.

**L'Attraction** est le lien, la relation qui sert de trait d'union entre les deux principes antagonistes : l'Unité et le Progrès qui semblent symbolysés par les deux mythes : **Jéhovah** et **Lucifer**.

Mais dans la religion catholique, ces deux personnages sont absolument irréductibles.

Le mal doit, pendant toute l'éternité, se dresser devant le Bien et lui vomir à la face le blasphème de la haine et de l'éternel désespoir.

Il doit éternellement troubler le Bien qui n'aura jamais le pouvoir de l'anéantir.

Ce dualisme atroce révolte à la fois la raison et le cœur.

Quant au dualisme de *Zoroastre*, on peut lui faire ce reproche que le principe du Bien devant anéantir le principe du Mal, n'aura plus de contrepoids et l'Univers s'abîmera pour toujours dans l'équilibre, l'inertie et la mort.

Par notre conception, au contraire, le mouvement et la vie seront éternels, l'équilibre absolu ne devant jamais être atteint.

Nos deux principes antagonistes ne sont en soi **ni bons ni mauvais**.

Ce serait une erreur de croire que l'Unité ou le mythe Jéhovah c'est le mal, que le Progrès ou le mythe Lucifer c'est le bien : Non.

Ils ne sont bons ni l'un ni l'autre, puisque la Substance dont ils émanent est imparfaite et, par conséquent, mauvaise.

Mais, par leur compénétration réciproque, ils se corrigent et s'améliorent l'un l'autre.

Ils ne sont pas irréductibles, ni indépendants, mais reliés intimement par un troisième principe : l'**Attraction sympathique**, l'amour universel qui les unit en un Tout complexe et harmonique, tendant vers la Perfection et la Béatitude.

Notre conception n'est donc ni moniste, ni dualiste, ni terniste, mais à la fois moniste et terniste, impossible à se définir d'un mot et ne pouvant s'exprimer exactement qu'en termes composés après une analyse et une méditation approfondies.

Le Ternaire immanent, impersonnel à l'origine (pour employer une expression symbolique), tend peu à peu à devenir personnel et transcendant,

De même que l'homme impersonnel au début de sa race comme au début de sa vie est devenu personnel, et se dégage peu à peu de la matière jusqu'à se séparer d'elle et à devenir pour ainsi dire transcendant,

En effet, l'enfant comme l'homme primitif n'ont pas de personnalité, ils n'ont pas de volonté personnelle, mais l'instinct qui est la Volonté de la race, de la collectivité.

Puis, acquérant une personnalité, l'homme devient en même temps plus idéal, et s'émancipe de ses basses passions qui l'attachent à la matière.

Ainsi le *Ternaire suprême*, étouffant peu à peu en lui les primitifs *Principes mauvais*, tend à prendre conscience de lui-même et à acquérir la personnalité.

Si les Trois-Principes semblent avoir le Mal pour origine, ils sont soumis à une loi de développement universel.

Ils subissent une impulsion invincible qui, malgré les résistances opposées, les réactions et les reculs momentanés, les fait mouvoir lentement vers le Souverain-Bien qu'ils n'atteindront jamais.

Nous savons aussi, que par l'énergie de notre volonté tournée vers le Bien, nous pouvons influer sur le Dieu auquel nous sommes consubstantiels, pour l'améliorer en proportion de notre pureté et de notre énergie.

**Le Credo de l'Avenir.** Je crois en la substance,
Une, Attrayante et Perfectible
Génératrice du Ciel et de la Terre.

Je crois au Principe d'**Unité** qui est au cœur des choses
Et qui engendre l'**Égalité** de tous les hommes.

Je crois au Principe d'**Attraction** qui est au cœur des choses
L'Attraction sympathique universelle qui attire tous les êtres
Et qui engendre la **Fraternité** des hommes

Je crois au Principe de **Progrès** qui est au cœur des choses
Agissant par la **Diversification** de l'Unité,
Et par l'**Harmonie** qui coordonne le chaos,
Principe de développement et de perfectibilité
Qui engendre la **Liberté** de tous les hommes.

Je crois en Trois-Principes immanents ne formant qu'un seul Tout, et, qui

Par l'*Harmonie* font naître de l'égoïsme l'universelle solidarité,

Par l'*amour* établissent la communion de tous les êtres,

Par l'invincible *perfectibilité* arrachent les Mondes aux griffes du Mal Eternel et les entraînent vers le bonheur.

## XVI

# LES IMPERFECTIONS DE DIEU

Considérez tous les êtres qui vivent sur la terre, et vous verrez qu'ils ne manifestent leur existence que par des souffrances continuelles.

Ici, c'est un malheureux torturé par une maladie incurable, la douleur aiguë et lancinante lui arrache des cris perçants. Là c'es un heureux de ce monde, atteint au cœur par un désespoir qui le ronge et le conduira dans la tombe. Et parmi les animaux, que de souffrances, d'autant plus atroces qu'elles sont muettes !

Une malédiction s'appesantit donc sur tout ce qui vit sur la terre ?

Des sages affirment que c'est une épreuve imposée par un Dieu et de laquelle le dénouement sera ou un bonheur éternel, ou une nouvelle série de supplices, mais ceux-là, immenses et sans fin.

Ils ajoutent que ce Dieu est infiniment bon et qu'**Il savait d'avance** qu'en nous soumettant à cette effroyable épreuve, le **dénouement serait, pour**

**la plupart des hommes, une éternité de supplices.**

Pour les animaux, les souffrances seront en pure perte, puisqu'ils ne peuvent pas avoir de mérite.

A de telles paroles, beaucoup d'autres sages répliquent qu'aucun Dieu ne peut être capable de tant de cruauté, de tant d'injustice ou de tant d'imprévoyance. Et ils en concluent qu'il n'existe pas de Dieu.

S'ils veulent dire qu'il ne peut pas exister de **Dieu Parfait**, ils ont pleinement raison.

Mais s'ils veulent dire qu'il n'existe aucun Principe au-dessus de la Matière et de la Force mécanique, ils ont certainement tort.

L'athéisme est né de ce préjugé, je dirai plus de cet immense sophisme, vulgarisé surtout par Platon et Aristote, puis par les Pères de l'Église, à savoir: Dieu est parfait ou il n'est pas.

Si ce dilemme était vrai, il n'y aurait plus qu'à s'incliner devant l'athéisme.

Heureusement il est faux, car il est basé sur une énumération incomplète. Il suppose qu'entre **Dieu Parfait** et **Pas de Dieu**, il n'y a pas de milieu.

Mais il y a un milieu : **Dieu Imparfait.**

Voilà donc trois hypothèses et il ne peut en exister aucune autre.

La première hypothèse est impossible, nous l'avons démontré au chapitre XII.

Restent les deux autres : Dieu imparfait et Pas de Dieu.

Or, il est impossible qu'il n'y ait pas de Dieu, c'est-à-dire pas de Principe au-dessus de la Matière et de la Force mécanique.

En effet, il existe des phénomènes d'ordre supérieur qui ne pourront jamais se réduire à la matière et à la force mécanique :

La liberté humaine, le cœur humain avec ses immenses dévouements, son amour infini,

La pensée humaine pouvant renfermer en elle l'immensité et l'éternité et capable de discuter l'origine des mondes et les grands préceptes de morale,

Le sentiment d'égalité des hommes, lesquels sont inégaux si on ne considère que la matière et la force.

Ces phénomènes supérieurs ne peuvent s'expliquer que par des Principes supérieurs : **Unité, Attraction, Progrès.**

Nous avons vu que la *Liberté* humaine a pour cause le *Progrès*, que l'*Égalité* a pour cause le Principe d'*Unité* de la Substance, que les grands dévouements et les *Amours* infinis ont pour cause l'*Attraction* non pas mécanique, mais *sympathique*, fécondée d'ailleurs par le Principe de Progrès.

## LES IMPERFECTIONS DE DIEU

Enfin, il est parfois dans la vie d'un homme des évènements ou des séries d'évènements tels que si on y réfléchit, on ne peut pas douter de l'existence d'une Providence tantôt bonne, tantôt mauvaise.

Pourquoi certains individus, malgré leurs mérites et leur sagesse, semblent-ils poursuivis par une sorte de malédiction ?

Pourquoi dit-on qu'un malheur n'arrive jamais seul? Pourquoi les revers se succèdent-ils par séries continues, de même que les évènements heureux ?

— Non, ce n'est pas le Hasard, ni la Mécanique qui président à nos destinées.

Aux chapitres XVII et XVIII, il sera démontré analytiquement que plusieurs autres phénomènes ne peuvent s'expliquer que par les **Trois Principes supérieurs dont le faisceau forme un ternaire suprême, un Être suprême, un Dieu pour employer une expression plus commode, à condition de ne pas donner à ce mot « Dieu » le sens qu'il a dans le langage vulgaire.**

Ainsi, il ne peut pas n'exister *Pas de Dieu*.

Il ne peut pas exister un *Dieu Parfait*.

Donc il existe un *Dieu Imparfait*.

Quel est ce Dieu Imparfait ?

Nous venons de l'étudier au chapitre XV.

**C'est la synthèse des Trois Principes immanents et immatériels Unité, Attraction, Progrès qui, par leurs relations et leur compénétration réciproque, ne formant qu'un même Tout, résident au cœur des choses et gouvernent l'Univers.**

Chaque être possède une parcelle de cette divine *Combinaison ternaire* et cette parcelle est immanente et consubstantielle à chaque être.

Elle est l'essence de chaque être.

En ce sens, on peut dire que chaque être fait partie de Dieu à des degrés divers.

L'Être non pensant n'en a pas complètement conscience, mais l'être pensant a pleine conscience de ce qu'il fait partie de Dieu.

Et Réciproquement, d'après l'équivalence fatale de l'*action* et de la *réaction*, Dieu a conscience de ce que les êtres font partie de lui, proportionnellement à l'intensité de la pensée de ces derniers.

En effet, la conscience est une relation, et quand la relation a lieu entre parties consubstantielles, elle est réciproque. De sorte que quand un individu partie du Dieu immanent a conscience du Dieu, le Dieu a également conscience de l'individu.

Alors, il s'établit entre Dieu et les Êtres, des relations de sympathie.

Chaque être peut, par sa volonté individuelle, agir sur Dieu et plus spécialement sur des parties déterminées du Grand-Tout.

Dans le premier cas, c'est l'influence vague de la prière.

Dans le second cas, c'est l'influence plus précise de la suggestion.

Cela prouve que la prière n'est qu'une suggestion sur la Divinité.

Ainsi peuvent se concilier les partisans et les adversaires du Miracle.

Les adversaires du miracle ont raison : *Dieu ne peut pas modifier spontanément les lois de la nature*. Il faut qu'il y soit sollicité et contraint par une suggestion intense.

Les partisans du miracle ont raison : *Les lois de la nature peuvent être modifiées*. Elles le sont par l'effet d'une Volonté suffisamment énergique, se manifestant chez un individu et capable d'augmenter ou de diminuer l'intensité de l'*attraction* en un certain point. Cette variation dans la force d'attraction entraînera une modification des mouvements et, par conséquent des phénomènes.

Rappelons-nous que le Miracle n'a rien de surnaturel, c'est la dérogation à une loi connue par une loi encore inconnue mais naturelle (voir pages 93 et 94).

William Crookes a constaté qu'en présence de certains individus, appelés médiums, les corps perdent ou augmentent de leur poids, c'est-à-dire de leur attraction vers la terre.

Ce qui démontre que la force d'attraction peut varier sous l'influence personnelle de certains individus.

Par conséquent, les lois de la Nature qui découlent de l'Attraction, peuvent être modifiées par des influences personnelles.

J'ai dit plus haut que l'essence de chaque être fait partie du Dieu et lui est consubstantielle, et j'ai ajouté que les êtres sont distincts les uns des autres et ont des volontés individuelles distinctes de celles du Grand-Tout.

En cela, il n'y a pas de contradiction, Nous avons vu au chapitre VI que si notre moi, en tant que *puissance d'exister*, a une tendance à se *différencier* des autres êtres et à s'individualiser,

Par contre, en tant que substance soumise à l'*attraction sympathique*, il a une tendance à sympathiser, à s'identifier avec les autres êtres pour former une *unité* homogène : *Dieu*.

Il n'est question que du Moi, c'est-à-dire de l'essence et non des éléments matériels de chaque être.

Maintenant, nous pouvons nous faire une idée de ce qu'est le *Dieu* de notre conception de l'Univers.

Mais il convient d'observer que toutes Religions primitives ont eu l'intuition de ce Dieu Imparfait, bien plus, d'un Dieu vindicatif et cruel.

Sa colère est terrible et ne peut être apaisée que par des *sacrifices humains*.

Dans toutes les religions primitives, les sacrifices humains ont été agréables à la Divinité, et actuellement encore, chez les peuplades du centre de l'Afrique.

Le Teutatès Gaulois, le Moloch phénicien étaient des dévoreurs d'enfants comme Saturne et comme aujourd'hui l'idole indoue de Djagernath.

Dans l'antiquité, les deux religions qui se sont élevées à la plus haute conception de Dieu, sont le sublime paganisme d'Orphée et le sévère Judaïsme de Moïse.

Aucune religion, même moderne, ne renferme sur la Divinité, des idées aussi exactes que celles qu'ont exprimées chacun à un point de vue différent, *Orphée* et *Moïse*.

Eh bien, en Judée comme en Grèce, les offenses à Dieu n'ont pu être expiées que par des fléaux qui ont fait périr des multitudes d'hommes.

Le Christianisme, lui qui considère Dieu comme parfait et infiniment Bon, va jusqu'à imaginer le *sacrifice humain* le plus immense et le plus épouvantable qui se soit jamais vu, le sacrifice d'un *Homme-Dieu*. Et ce sacrifice humain est encore de nos jours simulé chaque matin sur des milliers d'autels.

Ainsi **toutes les Religions**, dans tous les temps et dans tous les lieux, **reconnaissent une Divinité cruelle et altérée de sang**.

Il est certain qu'il y a un fonds de vérité dans cette universelle communauté de croyances.

*Il existe un Dieu, et il est mauvais.*

Mais quelques métaphysiciens de l'ancien Orient ont imaginé, par des abstractions successives, un Dieu Parfait.

Platon et Aristote ont été les vulgarisateurs de cette idée fausse dont les premiers docteurs chrétiens se sont emparés.

Les chrétiens ont donc *abandonné et renié le Dieu réel de Moïse* pour celui de Platon plus idéal, mais moins vrai.

A ce propos, il est utile de rappeler en quelques mots l'histoire de l'apostasie du Christianisme à l'endroit du Judaïsme, et les conséquences qui en sont résultées pour la philosophie du moderne Occident.

On sait que les premiers Pères de l'Eglise reniant Moïse, se sont fait *Platoniciens*.

Cela, à mon avis, a bien été pour quelque chose dans les nombreuses hérésies du commencement de notre ère, puisque ces hérésies (Magie, Gnose, etc.), émanaient plus ou moins directement de Platon ou des néo-platoniciens d'Alexandrie.

Il s'ensuivit que les docteurs chrétiens, dès lors mis en garde contre les dangers de l'influence Platonicienne, modifièrent leur doctrine primitive et se cantonnèrent résolument dans le spiritualisme dualiste d'*Aristote*.

De là, la vogue extraordinaire, pendant tout le Moyen Age et jusqu'au XVIIIe siècle, des théories de ce philosophe jusque dans leurs détails les plus infimes et les plus erronés.

Sous la pression chrétienne, grâce à *saint Thomas* et à son collaborateur laïque et libre-penseur qui s'appelle *Descartes*, tout l'Occident s'est imprégné de ce spiritualisme dualiste et boiteux.

Boiteux, car les deux concepts qui le composent : la matière et l'esprit, sont loin d'être égaux et harmonisés.

Aujourd'hui, la doctrine d'Aristote, sous le nom de spiritualisme ou de cartésianisme, règne encore en maîtresse dans les officielles chaires Européennes.

Et c'est la crainte des hérésies qui a causé, en Occident, l'avènement d'Aristote et la déchéance de Platon.

Mais que ce soit celui d'Aristote ou celui de Platon, ce Dieu Parfait *imaginé par abstraction*, n'existe que dans les cerveaux des sublimes penseurs.

C'est Dieu tel qu'il devrait être, et non tel qu'il est.

C'est un **Dieu idéal**, par opposition au **Dieu réel mauvais**.

**Quant à nos devoirs envers lui,**

Nous avons à l'adorer, non pas tel qu'il devrait être, mais tel qu'il est.

Assez brûlé d'encens hypocrite sur les autels catholiques et dans les chaires cartésiennes,

Assez chanté de louanges imméritées.

Cette adoration menteuse est un sacrilège et une profanation.

Elle ne peut pas être agréable à un *Dieu réel* pour qui le suprême hommage est la *Vérité* dans toute sa hardiesse et sa crudité,

Adorons-le en tremblant; car il aime le sang et ses caprices sont terribles.

Ne cherchons pas à lui dissimuler l'horreur qu'il nous inspire.

Mais rappelons-nous aussi qu'il n'est bon qu'aux audacieux et qu'il ne donne qu'à ceux qui le violentent.

La Terre ne produit des épis d'or qu'au laboureur âpre et rude qui lui déchire le sein.

La Fortune ne sourit qu'au financier cupide et dur qui affronte tous les dangers et force la réussite.

De même les Principes supérieurs dont l'Univers mauvais est la représentation et l'image ne dérogent à leurs lois qu'en faveur des révoltés audacieux qui les contraignent.

La prière, cette suggestion hardie, est bien une violence exercée sans respect sur la divinité.

*Non ce n'est pas une prière, c'est un ordre.*

Il faut que notre ordre soit assez énergique et assez impératif pour forcer Dieu à exécuter ce que nous voulons.

*Dieu n'exauce pas, il obéit.*

Il ne donne pas spontanément, il faut lui arracher ses dons.

Procédons sur lui, non par voie de requête, mais par voie de conquête.

A une volonté vraiment impérative, Dieu ne sait pas résister.............................................
......................................................
......................................................

Déjà les prophètes prévoient les temps où les fiers humains, par leurs innombrables volontés coordonnées et unies, qui, dans leur paroxysme d'intensité, seront invincibles, les humains seront les artisans triomphants du Progrès et du Bonheur.

Par nous, le Grand-Tout se dépouillera du Mal originel.

L'Injustice, la Misère et la Douleur seront bannies loin des frontières des Mondes.

Et nous arracherons aux Principes Mauvais le rachat de l'univers maudit.

.................................................

# XVII

# COSMOGONIE. — GÉOGONIE

Nous avons vu aux chapitres XII, XIII et XIV que toutes les conceptions de l'Univers différentes de la nôtre, ou bien sont incomplètes comme celles des *Positivistes* qui ne veulent pas remonter aux Causes et aux Principes, ou bien sont erronées comme celles des *Idéalistes* et des *Religions* dont les hypothèses, lorsqu'elles ne sont pas en contradiction avec la Raison, le sont toujours avec les données de la Science.

Nous allons maintenant montrer que les Trois-Principes : *Unité, Attraction, Progrès*, sont nécessaires et suffisants pour expliquer rationnellement et scientifiquement l'Univers.

Alors il sera prouvé que notre conception est vraie.

**Cosmogonie.** — Puisque la Substance est *Une*, c'est-à-dire identique, en principe, dans toutes ses parties (ce qui a été démontré au chapitre VII), il s'en suit que ses propriétés sont, en principe, partout les mêmes. Donc, si nous arrivons à connaître scientifiquement une des parties de l'Univers, nous pourrons nous considérer comme connaissant l'Univers entier.

Il est une de ces parties dont la science a rendu un compte exact, sauf en ce qui concerne son mouvement initial : c'est notre *système solaire*.

On sait qu'il a commencé par l'état nébuleux et diffus, c'est-à-dire sensiblement *homogène*, ce qui confirme notre principe d'**Unité**.

Mais d'où lui vient son mouvement de rotation actuel ?

Voilà ce qu'on n'a pas encore pu expliquer rationnellement et dont nous allons rendre compte par les deux principes d'**Attraction** et de **Progrès**.

Descartes et Newton déclarent avec raison que la rotation n'a pu résulter de causes purement mécaniques ; mais ils concluent qu'elle a été imprimée par le *Dieu-Absolu*.

Cette hypothèse étant incompatible avec la Science, Kant a pensé que des causes essentiellement mécaniques, *ajoutées au principe d'Attraction irréductible à la mécanique*, pouvaient produire cette rotation.

Malheureusement il commet plusieurs erreurs qui anéantissent toute sa démonstration, laquelle pèche d'ailleurs par sa base.

D'abord Kant admet sur certains points, une légère prépondérance de densité. Or, nous avons démontré, au chapitre VII, que rationnellement et *mécaniquement*, même en admettant l'*Attraction* (irréductible à la mécanique), la Substance doit être et demeurer homogène et par conséquent immobile, *à moins d'admettre encore un autre Principe supérieur lui aussi, à la mécanique et irréductible à elle.*

Pourtant Kant passe outre, sans invoquer d'autre Principe, car ce n'est pas un principe que le *Probabilisme* que Kant semble reconnaître et que Laplace développa plus tard.

Cette théorie, d'après laquelle il y a plus de *probabilités* pour que la Substance soit hétérogène qu'homogène, a le grave défaut de nier la légitimité de la Raison, en ne basant la certitude et l'évidence que sur des *à peu près*, ce qui est d'ailleurs contradictoire, car la certitude est le contraire de l'*à peu près*.

Or, après avoir démontré la légitimité de la Raison, nous avons prouvé, au chapitre VII, que *si aucune force extérieure n'agit sur la Substance*, celle-ci doit être *rigoureusement* homogène et non *à peu près*.

Maintenant que nous avons vu au chapitre XIII l'impossibilité de l'*Absolu* et l'absurdité de tout principe *transcendant à la Substance*, nous pouvons conclure *rationnellement* qu'il existe dans la Substance et non hors d'elle, un *principe immanent de différenciation* qui est le Principe de *Progrès* (dans sa quatrième manifestation : la tendance à la différenciation) lequel a, de toute éternité, rompu l'*homogénéité* de la Substance *Une*.

Ensuite Kant considère la nébuleuse solaire comme placée *hors de toute action extérieure* même mécanique. Donc, les rayons vecteurs des molécules attirées vers le centre du système (centre qui ne peut être formé mécaniquement avec les seules hypothèses admises par Kant), ces rayons vecteurs engendreront des aires qui, projetées sur un plan quelconque, auront une somme rigoureusement nulle. Par conséquent, d'après la mécanique, le corps formé par la réunion de ces molécules, demeurera *immobile*, comme le fait observer M. Faye.

Enfin, un troisième reproche à faire à la théorie de Kant, c'est qu'une de ses conséquences est en contradiction avec les faits. En effet, si, d'après cette théorie, la nébuleuse, au lieu de se concentrer tout entière sur le soleil, se divise en anneaux sensiblement concentriques, les molécules de chaque anneau possèdent des vitesses linéaires d'autant moindres qu'elles sont plus éloignées du soleil. Les planètes qui en résulteront seront animées d'un mouvement de rotation en sens inverse de celui du soleil. Toutes les planètes tourneront sur elles-mêmes en sens rétrograde, ce qui est contraire à la réalité, puisque plusieurs sont à rotation non pas rétrograde, mais directe.

Si j'insiste sur la fausseté de la théorie de Kant,

c'est qu'elle a régné en maîtresse sur tous les adversaires des causes finales, jusqu'à M. Faye, lequel ne fait, comme il le déclare lui-même, que revenir à la théorie de Descartes. Or, celui-ci, nous l'avons vu, n'explique pas scientifiquement la rotation.

Dans l'étude du soleil, M. Faye constate, sans l'expliquer, que les mouvements les plus généraux qui s'établissent dans une masse fluide, sont des courants de vitesses différentes qui produisent des *tourbillons*.

D'où vient cette différence dans les courants ?

Il faut toujours admettre un principe supérieur à la mécanique. Mais lequel ?

La théorie de M. Faye qui, d'ailleurs, comme Descartes, constate la rotation sans l'expliquer, a de plus, le grave défaut de ne pas présenter dans ses exemples une analogie suffisante, il n'y a aucun rapport entre la formation d'un tourbillon dans le soleil, un fleuve ou l'atmosphère et la rotation des planètes. Les premiers prennent la forme de cônes ou d'entonnoirs vides à leur intérieur et se prolongent indéfiniment suivant leur axe, tandis que dans la rotation des planètes, les masses tournantes se raccourcissent dans le sens des axes de rotation.

Ainsi, dans l'état actuel, la rotation du système solaire n'a pas été expliquée rationnellement. Nous allons montrer qu'elle l'est par notre conception de l'Univers.

Remarquons d'abord que le mouvement de rotation est un mouvement complexe qui ne peut pas s'étudier tout d'un bloc, comme l'a fait Kant.

Décomposons-le en ses éléments simples, et quand nous les aurons expliqués, le mouvement rotatoire résultant le sera par le fait même.

Les deux simples en lesquels il se décompose sont la force *normale* et la force *tangentielle*.

La force *normale* provient évidemment de l'*Attraction* d'un centre prépondérant : le soleil.

Pour la force *tangentielle*, on ne pouvait pas la faire dériver de l'*Attraction*, car on considérait le système solaire comme n'étant soumis à aucune force extérieure, en ce qui s'agit de sa rotation sur lui-même.

Il fallait donc, ou bien admettre une *force autre que l'Attraction*, le hasard d'Épicure ou le Dieu-Absolu de Descartes et de Newton, ce qui n'est pas scientifique, ou bien comme Kant, faire un raisonnement faux et contraire aux lois de la mécanique.

Quant à nous, tenons compte de ce *fait scientifique* que le système solaire est attiré vers la constellation d'Hercule H. Il est donc soumis à une *force extérieure*, *l'attraction de H*.

Étudions maintenant l'effet de cette *force extérieure* sur la nébuleuse solaire au moment où elle ne tournait pas encore.

Toutes ses molécules étaient *attirées* vers H presque parallèlement.

Dans la substance de la nébuleuse solaire, il existait des *centres d'abord imperceptibles d'Attraction différentiels, déterminés de toute éternité sous l'influence du Principe de Progrès*. Ces centres exercent une *Attraction* sur les molécules ambiantes.

De sorte qu'une molécule de la nébuleuse solaire se trouve soumise à deux forces : l'*Attraction* du centre le plus proche C et l'*Attraction* de H très éloigné. Cette molécule ne se jettera donc ni sur H, ni sur C, mais elle prendra un mouvement curviligne. Par suite de son rapprochement incomparablement plus grand de C que de H, la concavité de la courbe décrite sera tournée vers C, et pour cette même raison, la molécule se rapprochera de plus en plus de C, c'est-à-dire qu'elle *tournera* autour de C en parcourant une spirale jusqu'à ce qu'elle soit en contact avec C.

Au bout d'un certain temps, il sera donc formé en C un sphéroïde *tournant sur lui-même* et se dirigeant vers H qui exerce toujours son *Attraction* sur toutes les molécules du sphéroïde C.

Dans le système solaire, un certain nombre de sphéroïdes A, B, C, se sont formés en même temps que C, et l'un deux S, beaucoup plus volumineux que les autres. Il est facile de comprendre que ces sphéroïdes A, B, C, D sont la Terre et les autres planètes et S le Soleil. Ce dernier exerçait sur les planètes une *Attraction* telle que les *Attractions réciproques* de A, B, C, étaient devenues négligeables par rapport à celle exercée par S sur chacun d'eux.

En même temps, ou, peut-être même avant que chaque sphéroïde A B C se formât et acquit la rotation sur lui-même, il avait déjà acquis une rotation autour de S.

L'ensemble de ce système, tournant autour de S fut d'abord sphéroïdal. Mais dans son immense volume, il ne renfermait qu'infiniment peu de matière cosmique condensée en quelques planètes. Par suite, la cohésion du système était extrêmement faible, et la force centrifuge autour de S, exerçait sur le système tournant une action considérable qui eut pour résultat d'aplanir ce système sphéroïdal à ses pôles, en l'élargissant à son équateur dans des proportions telles qu'il se réduisit à une sorte de disque.

Ce qui explique que les écliptiques des diverses planètes sont dans des plans peu différents, sauf ce que nous verrons plus loin relativement aux comètes.

Revenons à la rotation des sphéroïdes A B C, autour de S. Ils sont attirés à la fois par H et par S.

Pour la même raison que précédemment, A B C ne se jetteront ni sur H ni sur S, mais ils décriront des courbes autour de S. Ces courbes seront encore des spirales, mais comme ici la distance CS est loin d'être négligeable par rapport à CH, la spirale de C autour de S, au lieu de se rapprocher rapidement de S, a, au contraire, un pas tellement faible, qu'elle semble une courbe fermée.

Mais en définitive, quoiqu'*imperceptiblement*, A B C tendent à se broyer sur S, avec une force d'une violence de plus en plus grande.

A ce moment final, dans le système total concentré en S, la chaleur et par conséquent la force d'expansion n'étant limitée alors par aucun obstacle ambiant, et ayant atteint une intensité presque infinie, produiront une telle explosion que le bloc S sera transformé en une vapeur qui se répandra homogène et *Une* dans l'immense vide ambiant, comme il a été dit symboliquement au chapitre IX. Ce sera la *Dissolution*.

Nous voyons maintenant que dans le mouvement de rotation des planètes, autour du soleil, c'est l'*Attraction de ce dernier* qui est la composante *normale* et que c'est la *force extérieure d'Attraction de H*, la constellation d'Hercule qui a primitivement joué le rôle de composante tangentielle.

La rotation tantôt directe, tantôt rétrograde des planètes sur elles-mêmes est due, d'après nous, à ce fait, que la manière dont chaque planète acquiert sa rotation sur elle-même, est indépendante de sa rotation autour du soleil. Il n'y avait donc pas de raison pour qu'elles fussent toutes directes ou toutes rétrogrades.

Les comètes surtout s'expliquent facilement par l'attraction *extérieure de H*.

Si (d'après Kant et Laplace), aucune force extérieure n'eût agi sur la formation du système solaire, les divers sphéroïdes A B C, auraient été formés par des *anneaux nébuleux* tournant autour de S, forcément concentriques et situés dans le même plan. Alors les comètes comme les planètes, devraient tourner dans le même plan et décrire des courbes fermées, à peu près concentriques.

Or, les comètes ne décrivent pas des courbes fermées, ont des orbites très excentriques, et, ce qui est plus grave, fortement inclinées sur les différentes écliptiques des autres planètes.

Ces irrégularités dans les révolutions des comètes ne peuvent pas se comprendre sans l'action perturbatrice de la force extérieure de H qui fait partie de notre conception du système solaire.

Pour expliquer rationnellement et complètement sa rotation, nous ne nous sommes servi d'aucune hypothèse en dehors des trois principes (*Unité, Attraction, Progrès*) *admis par toutes les sciences* et que nous avons rendus plus scientifiques si c'est possible, en les définissant, en les circonscrivant d'une façon précise, simple et logique aux chapitres VIII, IX, X et XV.

**Géogonie.** — Après avoir rendu compte du système solaire en général, étudions notre planète, et ce que nous dirons d'elle sera vrai de toutes les planètes, en vertu du Principe d'*Unité* de la substance universelle.

L'origine de la Terre dans l'antique nébuleuse a été, comme nous venons de le voir, un *centre différentiel d'Attraction* prédéterminé en principe, sous l'influence du *Progrès* dans ses quatrième et cinquième manifestations, tout en suivant dans son évolution les lois de la Mécanique.

Dès la formation de ce centre, la Substance des régions ambiantes s'y est précipitée avec une rapidité de plus en plus grande.

Peu à peu, par le fait des obstacles à l'Attraction dus à l'*impénétrabilité* de la substance, des mouvements vibratoires se sont formés, et comme nous l'avons vu au chapitre VI, tendent à recouvrer leur amplitude perdue. D'où *force d'expansion*, c'est-à-dire *chaleur* formée dans le sphéroïde.

Par suite de l'impétuosité de l'*Attraction* qui augmente proportionnellement aux masses et en raison inverse du carré des distances, par suite de la résistance invincible opposée par l'*impénétrabilité*, les chocs des molécules étant de plus en plus violents, les mouvements vibratoires deviennent de plus en plus intenses et la chaleur de plus en plus grande, jusqu'à ce que le sphéroïde soit *incandescent*.

Dans cet état, notre *planète* était un *soleil*, un *astre* : les mondes (astres et planètes) ont, comme les hommes, une *Unité* d'origine, *ils naissent égaux*.

Le milieu ambiant étant raréfié et froid, les molécules de la surface du sphéroïde *incandescent* réacquièrent une partie de l'amplitude de leurs mouvements et prennent un mouvement vibratoire plus ample qui constitue l'*état gazeux*.

Ainsi s'est dégagée une atmosphère autour de la Terre dont la surface non gazeuse continue à se refroidir jusqu'à la solidification par le fait de l'évaporation constante.

Alors le sphéroïde, d'abord entièrement incandescent, c'est-à-dire homogène et *un* s'est *différencié* en trois parties, dont chacune est encore homogène et *une* : Un noyau incandescent, une croûte solide, une atmosphère d'abord incandescente.

Celle-ci, en se refroidissant dans le milieu ambiant raréfié et froid, a perdu son homogénéité. Des centres d'Attraction différentiels se sont formés et ont groupé la Substance *Une* sous des formes diverses qu'on a appelées : azote, hydrogène, fer, oxygène, carbone, etc.. A mesure que ces corps d'abord gazeux, par suite de la chaleur intense, atteignaient leurs points critiques par refroidissement, ils se déposaient à l'état liquide, puis solide, sur la croûte durcie du sphéroïde, débarrassant ainsi l'atmosphère qui a fini par ne plus conserver la Substance que sous trois formes différentes : l'oxygène, l'azote et le carbone.

Pendant ce temps, la croûte solide augmentait d'épaisseur et se *différenciait* dans sa composition par suite, d'abord du refroidissement progressif du noyau central incandescent et ensuite de l'addition des différents corps de l'atmosphère qui se déposaient à sa surface. Un de ces corps : l'*eau*, y est entrée à l'état liquide et a d'abord formé une couche homogène et de même épaisseur à la surface du sphéroïde régulier.

Cette surface est devenue de plus en plus irrégulière et *différenciée*, car la force d'expansion du noyau incandescent intérieur, ne pouvant plus déchirer la croûte trop épaisse, la boursouflait, produisant ainsi des montagnes et des plateaux.

Les eaux furent refoulées dans les parties les plus basses et il se forma des continents et des îles.

Enfin, la croûte superficielle s'augmentant et durcissant constamment, sa surface ne ressent plus l'action du feu central.

La température de l'atmosphère *cesse d'être homogène*, car elle ne reçoit plus sa chaleur que du soleil et suivant la position des différentes parties du globe, leur *température* se différencie et produit des climats.

Ces derniers, par leurs différences, différencient à leur tour la densité de l'atmosphère et des eaux, produisant ainsi des vents et des tourbillons dans ces fluides primitivement *homogènes et immobiles*.

Alors le mouvement est né à la surface de la Terre.

Ainsi toujours la Substance part de l'*Unité* homogène et se *différencie* sous l'influence du Principe de *Progrès* avec l'*Attraction* pour moteur.

La première phase de cette différenciation : l'incandescence et le refroidissement du sphéroïde terrestre, s'explique scientifiquement par la théorie du *mouvement vibratoire* et de *la chaleur* (chapitre VI).

En effet, l'*impénétrabilité* (deuxième manifestation du Principe de *Progrès*) oppose un obstacle invincible à l'*Attraction*, d'où résulte le mouvement vibratoire, la tendance des vibrations à augmenter leur amplitude, et par suite des corps chauds à se refroidir par rayonnement. Ils prennent une température hétérogène dans leurs diverses parties, du fait de la différenciation, 4ᵉ manifestation du Principe de Progrès et de la multiplication des effets.

Les Trois Principes : *Unité*, *Attraction*, *Progrès*, sont nécessaires pour rendre compte de la formation du système solaire et de la Terre en particulier et ils suffisent.

**La matière cosmique.** — Nous avons constaté souvent que les corps se composent de molécules animées de divers mouvements vibratoires. Ces molécules sont donc séparées par certains intervalles. *La Substance n'est pas continue.*

Dans ces intervalles, qu'y a-t-il ? Est-ce le vide ? Le néant ?

Non, car nous avons vu au chapitre VIII qu'il ne peut pas y avoir de lieu où la Substance n'existe pas.

Mais s'il n'y a de vide nulle part, la Substance est continue et le mouvement est impossible :

En réalité, la Substance n'est ni *absolument* continue, ni *absolument* discontinue, car rien, dans la nature, ne se produit d'une façon absolue, tout est relatif.

Les intervalles des corps visibles sont remplis partiellement par des molécules invisibles, dont les intervalles sont à leur tour partiellement remplis par d'autres molécules infiniment petites par rapport aux précédentes. Et ainsi de suite pour une infinité de fluides formant une série illimitée.

Les molécules de chaque fluide sont infiniment petites par rapport à celles du fluide précédent et tendent, sans jamais y arriver, à l'infiniment petit *absolu*, le *Néant* qui, nous venons de le voir, ne peut pas exister.

D'un autre côté, si la Substance était rigoureusement continue, le mouvement n'existerait pas, la *Substance serait immobile* elle n'aurait pas de *relations* avec elle-même, elle ne serait pas relative, mais *absolue*.

Ce serait l'Absolu de l'Être, la *Perfection*.

Or nous savons vu que l'*Absolu de la Perfection* ne peut pas exister.

De sorte que la Substance *une* se diversifie entre *deux Absolus*. La *Perfection* et le *Néant*. Limites fictives n'ayant pas, et ne pouvant pas avoir d'existence réelle.

Et le monde se meut dans un perpétuel relatif sans jamais atteindre ni l'un ni l'autre Absolu.

La Substance n'étant *absolue* ni par sa continuité, ni par sa discontinuité, est essentiellement *relative*. Elle a des relations avec elle-même, c'est-à-dire qu'elle se *différencie* en son **Unité** et son **Attraction**, de façon que sous l'influence du Principe de **Progrès**, une hétérogénéité de plus en plus harmonieuse tende vers l'inaccessible *Perfection*.

## XVIII

# BIOGONIE

Comme il est impossible d'assigner, dans l'échelle des êtres, un point où commence la vie, on est bien rigoureusement obligé d'admettre qu'elle existe à l'état insensible jusque dans le cristal, l'atome et les innombrables éléments de plus en plus infimes de cette série illimitée de fluides de plus en plus imperceptibles, par lesquels la substance confine au deuxième infini, au deuxième absolu, l'*absolu du Néant*.

De même que ces éléments infiniment petits sont doués d'*Attractions* infiniment petites, ce qu'on traduit en disant que leur masse est impondérable ; de même ils sont doués d'une vie insensible résultant de mouvements vibratoires insensibles.

Donc, la vie existe jusqu'aux confins du néant, mais ce n'est que lorsqu'elle devient perceptible à nos sens grossiers, que nous lui donnons ce nom mystérieux : la vie.

La vie étant un mode, une qualité de mouvement vibratoire, lequel n'est que l'*Attraction* transformée par l'impénétrabilité, deuxième manifestation du Principe de *Progrès*, et ce dernier ayant partout et toujours diversifié la Substance, il en résulte que la vie qui est due à l'influence de ces diverses manifestations sur l'*Attraction* mécanique, a existé de toute éternité et sur tous les points de la Substance.

Beaucoup d'idéalistes (en particulier les occultistes) et les vitalistes de l'Ecole de médecine de Montpellier, admettent comme principe de la vie un *fluide vital* distinct des organes. Mais comme, d'après eux, ce fluide est matériel et animé de mouvement, il faut qu'il soit composé d'atomes discontinus. Alors j'attribuerais la vie au mode de mouvement vibratoire de ces atomes. Et la théorie occultiste se ramènerait à la nôtre, sauf l'hypothèse de l'Absolu.

Voilà pour ce qui concerne la *nature* du phénomène physique que nous appelons la vie. Mais quelle est sa cause ?

Les adversaires des causes finales prétendent tout expliquer par les lois de la Mécanique. Ils démontrent en effet, que les phénomènes vitaux se succèdent conformément à ces lois. Mais il faut bien remonter à une origine, sinon par le Temps, au moins par la Raison.

Les faits intimes et ultimes par lesquels se manifeste la vie, sont dus aux phénomènes *capillaires* qui servent d'axiomes ou de postulat aux raisonnements de la Mécanique appliquée à la Biologie. Ces phénomènes capillaires ont pour cause, d'après les mécanistes eux-mêmes « les *Attractions* qui s'exercent à des distances très faibles entre les molécules infiniment petites de la surface des liquides ».

Or, ces *Attractions* sont des forces *occultes*, des entités métaphysiques que la *Mécanique s'avoue impuissante à expliquer.*

D'un autre côté, en remontant les diverses manifestations de la vie, on passe toujours du moins homogène au plus homogène, donc, à l'origine, en principe, doit exister l'homogénéité ou *Unité.*

Comment l'*Unité* s'est-elle diversifiée ? Comment de telle manière plutôt que de telle autre ? Voilà ce qui est encore inexplicable par les lois de la Mécanique.

Dans notre conception, il est démontré rationnellement et scientifiquement que le *principe de différenciation de l'***Unité** *homogène est le* **Progrès** *modifiant l'***Attraction**, cause des phénomènes capillaires qui engendrent la vie.

Je me hâte d'ajouter que ces Trois Principes ne se sont pas succédés, mais qu'ils ont coexisté de toute éternité, que le *Progrès* n'est pas un principe transcendant mais *immanent* à la substance.

Après avoir étudié la nature et la cause de la vie, suivons maintenant sa Genèse pendant la formation de notre planète, à partir de la période de refroidissement continu où nous l'avons laissée au chapitre précédent.

Lorsque par suite de ce refroidissement constant, l'atmosphère se fut, par de successives condensations, purgée du dernier élément étranger (l'acide carbonique), il commença à se former sur la croûte solide des terrains de sédiment. Des terrains étaient déposés par les eaux chargées de limon et de matières diverses propres à la vie organique.

Celle-ci, on le constate en biologie, se manifeste spontanément dans la formation du globe dès que certains obstacles de température et de pression disparaissent.

Si la vie est d'abord homogène et *Une* comme dans le mucilage primitif, sorte de gelée vivante, elle devient bientôt variée et *hétérogène* par suite de centres d'*Attraction* d'abord occultes, prédéterminés sous l'influence du principe de *Progrès* en vue de l'harmonie de la Nature et du besoin qu'ont les êtres plus développés d'autres êtres différents d'eux-mêmes.

Les premiers êtres organiques qui ont paru sur la terre après le mucilage, sont les végétaux les plus simples et *homogènes* poussant indifféremment partout. Mousses, Champignons.

La masse *Une* et homogène de ces premiers végétaux s'est *différenciée*, une partie est restée à l'état primitif, l'autre s'est développée soit en végétaux plus perfectionnés (plantes et arbres à tiges ligneuses) soit en êtres pouvant se mouvoir, c'est-à-dire en animaux primitifs et exclusivement marins (rayonnés, zoophytes) dont l'organisation simple et presque homogène se rapproche le plus des végétaux.

Ces animaux primitifs continuent à se *différencier* : une partie progresse, les uns en poissons plus développés (baleines, requins); les autres en devenant *amphibies* : reptiles monstrueux, dont on a découvert les fossiles.

Enfin, l'air se purifiant de plus en plus de son acide carbonique, ne présente plus d'obstacle à la vie des animaux terrestres qui commencent à apparaître avant la période des déluges.

Les amphibies se sont *différenciés*, une partie est restée amphibie, l'autre est devenue exclusivement terrestre.

Ces derniers, comme les prédécesseurs, commencent par les organismes les plus simples se rapprochant de l'homogénéité et de l'*Unité* primitive pour se développer, se compliquer et se diversifier constamment sous la loi du *Progrès*.

Les tableaux de zoologie comparée rendent compte de la façon dont l'animal le plus infime est devenu, sous la loi du *Progrès*, l'*homme libre*.

Supposons que nous soyons arrivés à l'anthropoïde, espèce *homogène* qui s'est *différenciée* en *singes* et *hommes* de diverses races.

Le placenta de l'homme se rapproche plus de celui des singes anthropomorphes que ces derniers ne se rapprochent des autres singes.

Or, la constitution du placenta est le meilleur criterium pour indiquer le degré de parenté sanguine.

En effet, suivant que les vaisseaux sanguins de l'embryon sont plus ou moins intimement réunis à ceux de l'utérus, le développement est plus ou moins complet dans le sein maternel, ce qui a une influence prépondérante sur le développement physiologique de l'individu.

Broca a démontré par l'anatomie que la constitution physiologique de l'homme, comparée à celle des singes, permettait, d'après les principes physiologiques généraux, de réunir les uns et les autres dans un même ordre, celui des primates, et que les singes anthropomorphes diffèrent moins de l'homme que des singes inférieurs.

Quant au cerveau, qui est l'organe dominant chez les animaux supérieurs, les circonvolutions constantes communes à tous les cerveaux humains, se montrent aussi chez les singes anthropomorphes et se perdent chez les espèces voisines.

D'après Broca, la similitude de la surface cérébrale des singes anthropomorphes avec celle de l'homme, est telle qu'il faut l'œil d'un anatomiste exercé pour distinguer leur cerveau d'un cerveau humain, surtout de ceux des nègres et des Hottentots qui sont moins complexes que ceux des blancs.

**La Sélection Naturelle et le Principe de Progrès.** — Deux propriétés inhérentes aux êtres organisés et même aux cristaux inorganiques, servent à déterminer les rapports entre les descendants et leurs antérieurs, à aider l'individu dans la conquête de la place qu'il doit occuper dans la nature ambiante et que ces propriétés semblent lui montrer. C'est l'*hérédité* et l'*adaptation*.

L'*hérédité* est un principe de *conservation*, l'*adaptation* un principe de *Progrès*, ainsi qu'il sera expliqué plus loin.

Mais nous avons vu que la *conservation*, cette tendance originelle de la substance, est elle même la troisième manifestation du Principe de *Progrès*. De sorte que l'*hérédité* procède, comme l'*adaptation*, du Principe de *Progrès*.

L'hérédité est une force d'expansion qui a pour origine la *puissance de se conserver*; troisième manifestation du Principe de Progrès, et qui (par suite des quatrième et cinquième manifestations: *tendance à différenciation* et *formation de centres d'Attraction*), succède, chez les êtres inférieurs, à la *tendance à s'accroître*; sixième manifestation du Principe de *Progrès*.

En effet, prenons un être organisé inférieur. Une petite boule d'albumine,

1° *S'accroît* par absorption de nourriture et assimilation ;

2° Puis, par suite de *formation de centres d'Attraction* différentiels, elle se *reproduit* en se scindant en deux parties, puis celles-ci en d'autres ;

3° A la longue, par *adaptation*, ces parties successives se modifient, se perfectionnent en se *différenciant* sous l'action des milieux ambiants.

On peut donc dire que la *sixième* manifestation du Principe de *Progrès*: *la tendance à s'accroître et à être heureux*, se divise en *trois moments* :

*Tendance à s'accroître*, *Tendance à se reproduire*, *Tendance à s'adapter* au milieu ambiant.

Le *deuxième moment*: *tendance à se reproduire* est une conséquence du *premier*; la *tendance à s'accroître* combinée avec la *formation de centres* d'Attraction différentiels, cinquième manifestation du Principe de *Progrès*.

En effet, la reproduction ou l'hérédité résulte de la formation de centres d'Attraction différentiels, depuis le protoplasma quasi homogène qui se scinde sous l'influence différentielle de centres occultes, jusqu'aux spermatozoaires qui se forment (centres aussi d'Attraction occultes), dans les organes génitaux des animaux supérieurs. Fait auquel vient ici s'ajouter le phénomène de l'*Attraction sympathique* des sexes, depuis les plantes monosexuées jusqu'à l'homme.

Quant au *troisième moment : tendance à s'adapter au milieu*, on voit qu'il correspond à la *deuxième partie de la sixième manifestation* du Principe de *Progrès : tendance à être heureux*, ce qui donne raison à la définition positiviste du *bonheur : adaptation au milieu*.

Cette définition s'accorde d'ailleurs avec la nôtre, puisque nous préconisons une *gymnastique morale propre à rendre l'individu satisfait du milieu où il se trouve*, c'est-à-dire à l'adapter à ce milieu. Mais nous nous sommes placés au point de vue moral, tandis que les positivistes se placent au point de vue physique.

La *première* conséquence de l'*adaptation*, grâce à la *mutabilité des organismes*, est que ces organismes *progressent*, la *deuxième* conséquence est que ceux qui n'ont pas assez de mutabilité ou de force de résistance *périssent*.

Ces deux conséquences engendrent la *sélection naturelle*.

D'après la *première* partie de la *sixième* manifestation du Principe de *Progrès : tendance à s'accroître par*

*Attraction* de la substance des milieux ambiants, les individus qui n'ont pas assez de force d'Attraction pour satisfaire cette tendance, ou qui se voient enlever cette substance par des individus plus forts, périssent, puis sont eux-mêmes absorbés.

C'est la *lutte pour la vie irréductible aux lois de la mécanique*, puisqu'elle a pour cause l'*Attraction* et le Principe de *Progrès* dans ses *quatrième, cinquième* et *sixième* manifestations.

La direction a été donnée au développement des espèces antérieurement ou plutôt supérieurement à la Mécanique, de telle sorte que ses lois s'appliquant, le Grand-Tout se dirige vers la Perfection.

# XIX

# PSYCHOGONIE

On a pu remarquer que j'emploie les mots : *Géogonie*, *Biogonie*, *Psychogonie*, pour géologie, biologie, psychologie. Je l'ai fait à dessein pour bien montrer que je n'étudie pas la Terre, la Vie et l'Esprit au point de vue abstrait et statique, mais à l'état *concret*, *dynamique et vivant*. Je les étudie dans leur formation, dans leur *Genèse*, car on ne connaît bien un fait que quand on connaît sa *Genèse*.

Nous sommes arrivés à la Genèse de l'esprit élaboré dans son organe, le cerveau. Nous venons de voir comment le cerveau du singe était devenu (en développant son hétérogénéité, sa complexité) le cerveau humain des races inférieures (nègres et Hottentots) puis des races supérieures (jaune et blanche).

Nous savons, d'un autre côté, qu'à toute lésion ou infirmité du cerveau correspond une infirmité de l'esprit, ce qui prouve que l'esprit n'est pas une substance *absolue* et transcendante, puisqu'elle est fonction de l'état physique du cerveau.

L'esprit ou l'âme *absolue* n'existe pas plus que le *Dieu-Absolu*.

De même que les *Trois-Principes* qui gouvernent l'Univers ne sont pas des êtres transcendants et *Absolus*, mais des Attributs immanents de la substance Une ; de même l'esprit n'est pas un être distinct du corps, mais une propriété, un mode, une qualité de mouvement vibratoire des cellules du cerveau. Cette essence, cette quintescence de mouvement vibratoire, d'où vient-elle ? Sinon d'une parcelle du grand Principe d'*Attraction* fécondée par le *Progrès* rompant l'inertie de l'*Unité* ?

Le *Ternaire divin* revêtant tous les caractères de la conscience, depuis l'esprit de l'homme jusqu'à celui du cristal, anime et imprègne tous les êtres de la Nature. Il est leur essence, nous l'avons déjà dit au chapitre XVI. Chaque être possède une parcelle de cette divine *Combinaison Ternaire*.

Cette parcelle est immanente et consubstantielle à chaque être, elle est l'essence de chaque être.

**Elle est l'âme de chaque être.**

L'âme humaine consubstantielle à l'âme du Grand-Tout n'est donc pas un principe distinct du reste de la Nature. Elle est le prolongement de l'âme animale qui est le prolongement de l'âme végétale, laquelle est le prolongement de l'âme minérale.

L'âme humaine est le prolongement de l'âme animale : On s'en rend bien compte quand on étudie la continuité de l'esprit des animaux supérieurs et des hommes inférieurs, entre lesquels il n'existe pas de différence tranchée.

A ceux qui veulent fonder sur la faculté de raisonner, une différence irréductible entre l'homme et les animaux, on peut répondre, avec *M. Schmidt*, que beaucoup d'hommes sont privés de cette faculté aussi bien que les animaux. D'ailleurs, l'âme de l'enfant nouveau-né ne diffère pas, dans ses manifestations, de celle du jeune animal. A l'âge adulte, cette âme se *différencie* suivant les races, les civilisations et même les individus d'une même race et d'une même civilisation.

Il faut se résigner à perdre l'illusion d'une âme en tant que principe supérieur et transcendant qui, indépendamment des variétés de cerveaux, devrait être, d'après sa simplicité, semblable chez tous les hommes, êtres choisis de Dieu.

Il en est de même de la *liberté ou libre arbitre* comme principe *Absolu*. L'homme tend peu à peu vers le *libre arbitre absolu*, à mesure qu'il s'émancipe de ses passions et de ses instincts ataviques. Il s'en rapprochera indéfiniment sans jamais y parvenir, car il ne serait plus homme, *il serait Dieu*. Je qualifierais *d'état divin, celui où l'homme serait absolument libre.*

Plus les conditions de l'existence sont simples et uniformes, c'est-à-dire se rapprochant de l'homogénéité et de l'*Unité*, moins les actes humains sont libres, et plus l'individu n'agit qu'en vertu de la volonté de la race, c'est-à-dire de son *instinct*, qui est une sorte de *volonté collective homogène et une* pour une même race.

De la volonté *instinctive* homogène et *Une* pour toute une race, on arrive à la Volonté *libre* par la différenciation (quatrième manifestation du Principe de *Progrès*) développant dans les divers cerveaux, le mode de mouvement vibratoire ; *pensée* qui éclaire les actes humains.

Mais la volonté instinctive qui, d'après la biologie, constitue la nature d'une race, d'où vient-elle ?

Elle s'acquiert par l'*habitude* : c'est l'habitude, c'est-à-dire la répétition fréquente des mêmes fonctions qui, avec le temps, détermine dans les organes centraux du système nerveux, un certain état qui est la *nature de la race*.

De sorte que l'*habitude qui est une deuxième nature*, devient, au bout d'un temps suffisant, la *première nature*. Ainsi, les deux natures ne sont qu'une habitude plus ou moins prolongée.

Ce serait le *temps* seul qui ferait la différence entre l'habitude et la vraie nature. Les lois de la mécanique ne suffisent pas ?

Et le temps qui n'est rien, sous une durée limitée, deviendrait un facteur réel sous une durée plus longue ?

Si l'on invoque la *mutabilité* des organismes, c'est

une explication à la « virtus dormitiva » de Molière ; l'organisme se transformerait parce qu'il a la vertu de pouvoir se transformer !

Il faut donc un facteur réel autre que le *Temps* et la *Mutabilité* qui produise cette transformation essentielle inexplicable dans son origine, par les lois de la Mécanique. Ce facteur réel, c'est le Principe de *Progrès* qui, par sa tendance à la différenciation et à la complexité de plus en plus harmonique et parfaite, transforme les êtres en leur imprimant une impulsion vers le mieux.

Si la *nature* d'une espèce est constituée par l'instinct, c'est-à-dire par une *tendance*, nous n'admettons pas, avec Leibnitz et Schopenhauer, que l'activité ou *Volonté* est l'essence de toute chose, car nous avons vu, au chapitre VIII, que l'Univers ne saurait se réduire à la Force.

Les tendances ne sont pas la substance, mais des modes de la substance une. Ce sont les *Septendances invincibles* synthétisées dans le Principe de *Progrès*, troisième attribut de la Substance, qui font que les êtres se meuvent vers le mieux en se différenciant de plus en plus, au lieu de ne former qu'un être d'une *Unité* immobile et inféconde.

Le principe de *Progrès* par l'*impénétrabilité* (sa deuxième manifestation) contraint l'*Attraction* à se transformer en mouvement vibratoire, lequel, après avoir acquis les qualités qui le font appeler chaleur, électricité, vie, devient à son maximum de perfection la *pensée*.

C'est la mystérieuse pensée qui donne à la dernière tendance des races supérieures, le caractère de *Volonté libre*, mais non libre au sens *absolu* du mot.

La nature, c'est-à-dire l'essence de l'homme, en tant qu'être raisonnable, est donc caractérisée par la *Liberté*, septième et dernière manifestation du Principe de *Progrès*.

Pour nous, l'âme est la Résultante de toutes les tendances de l'homme, concentrées en une *volonté* et éclairées par la *pensée*,

Ces tendances ayant leurs racines dans le Ternaire divin dont elles émanent.

La volonté varie avec la pensée et ne se détermine qu'avec la pensée : *la volonté est fonction de la pensée*.

Un autre facteur qui fait aussi varier la volonté et contribue à sa détermination, c'est la *sensibilité* ou les instincts ataviques. *La volonté est aussi fonction de la sensibilité*.

Les tendances qui composent la sensibilité se divisent en deux catégories : celles qui sont modifiées par la pensée (sentiments), et celles qui ne sont pas modifiées par la pensée. Ces dernières sont des fonctions organiques comme la digestion ; nous n'avons pas à nous en occuper *dans ce chapitre* où nous ne considérons l'homme que comme *être raisonnable*. Sa sensibilité n'est fonction que de sa pensée.

De sorte qu'en définitive, *la volonté n'est fonction que de la pensée*. De plus, elle est fonction de *toute la pensée*, car toute pensée influe sur la volonté.

Ainsi la *Volonté* et la *Pensée* sont deux expressions adéquates de la nature humaine. Pour connaître l'homme, nous n'aurons à étudier que la Pensée.

Mais nous faisons de la psychogonie et non de la psychologie. Nous n'envisagerons pas la pensée au point de vue abstrait et statique, mais au point de vue de sa formation, de sa *Genèse*.

Pour bien comprendre cette genèse, il est nécessaire de savoir l'origine des pensées, puis comment les pensées, formant d'abord un ensemble incohérent et sensiblement homogène (*Unité*), s'attirent entre elles pour former des associations d'idées (*Attraction*) se *différencient* et se perfectionnent en leur *Attraction* pour former des raisonnements complexes (*Progrès*).

L'origine des pensées, ou plutôt des éléments des pensées, c'est-à-dire des idées, ce sont les sensations. Je me hâte d'ajouter que les *sensations ne créent pas les idées* comme l'affirment les *sensualistes*, et qu'elles ne sont pas, selon les *idéalistes*, qu'une simple *occasion* rappelant ces idées qui auraient une réalité objective, indépendante de l'âme.

Je développe ma proposition : les objets extérieurs impressionnent, par différentes sortes de mouvements vibratoires, nos sens et les nerfs qui aboutissent d'un côté à ces sens, et de l'autre au cerveau. De sorte que les mouvements vibratoires des objets extérieurs déterminent, de proche en proche, dans le cerveau, d'autres mouvements vibratoires. Ces derniers, par un phénomène mystérieux, donnent naissance à des idées. Mais les mouvements vibratoires transmis par les objets extérieurs ne sont pas, comme le prétendent les sensualistes, la seule cause de la production des idées.

**Elles ont une autre cause irréductible à la mécanique :** la *tendance caractéristique du cerveau à produire des idées. Tendance* issue, comme toutes les autres tendances, du Principe de *Progrès* et développée nécessairement, d'une façon continue et infinitésimale, sous l'influence de ce Principe. *Elle se transmet par hérédité*.

Toutefois, le mouvement vibratoire (qui a, comme on sait, pour cause l'*Attraction* transformée par l'*impénétrabilité*, deuxième manifestation du Principe de *Progrès*), n'est pas, selon les idéalistes, qu'une *simple occasion* de rappeler des idées ayant une existence objective indépendante du cerveau et des objets extérieurs. Il est une véritable cause génératrice, c'est lui qui détermine la forme et la nature des idées dont l'existence même est due à une *tendance* dérivant du Principe de *Progrès* irréductible à la Mécanique.

On aura donc une notion exacte de l'idée en prenant la part de vérité contenue dans les deux théories : idéaliste et sensualiste.

L'idée, pas plus que l'objet, ne doit être le but exclusif de la connaissance, car l'une nous éloignant du monde matériel, nous entraînerait à l'utopie, l'autre nous éloignant du monde idéal, nous entraînerait à une bassesse de sentiments.

Maintenant que nous connaissons la double origine, la double cause des idées, une *sensation* et une *tendance* dérivant d'un Principe, étudions leur genèse progressive.

Pour cela, nous nous aiderons de l'étude du langage qui est la meilleure et la plus directe expression des idées.

Il est admis par la Science que l'humanité a eu, à l'origine, un langage à peu près semblable à celui des êtres immédiatement inférieurs, dont elle a été le développement, c'est-à-dire ne se composant que d'*un seul cri inarticulé*, toujours le même. Le langage était *un* et homogène, les idées devaient aussi former un ensemble *un* et homogène, mais très incohérent.

Ces idées, attirées les unes aux autres (*Attraction*) forment des groupements ou pensées d'abord homogènes et incohérentes pour se *différencier* d'une façon de plus en plus complexe, cohérente et parfaite, jusqu'à exprimer les très délicates nuances de sens que nous trouvons dans le *langage* des races civilisées. Cette évolution des idées a pour cause la tendance à la différenciation, et la formation de centres d'attraction différentiels : quatrième et cinquième manifestations du Principe de *Progrès* modifiant l'*Attraction* primitivement *Une* et incohérente des idées entre elles.

Le premier et le plus simple de ces groupes d'idées formés par *Attraction*, est le *jugement* qui se compose de *trois* éléments ou concepts : une idée de laquelle on affirme quelque chose, une deuxième idée qui est l'affirmation de la première et l'acte de l'affirmation.

Le deuxième groupe est le *raisonnement* qui se compose de *trois jugements* reliés entre eux d'après le principe que deux choses égales à une troisième sont égales entre elles.

On cite un raisonnement qui ne se compose, en apparence, que de deux jugements et qu'on appelle : *induction*. Mais un troisième jugement est sous-entendu, celui d'après lequel, si un fait se produit dans certaines circonstances, il se reproduira avec les mêmes circonstances. Jugement basé sur le principe d'*Unité* de la Substance.

Ainsi l'*induction* se compose, comme les autres raisonnements, et comme les jugements, de *trois éléments* réunis par *Attraction*.

Si nous ouvrons une parenthèse pour envisager, non les opérations de l'esprit, mais l'esprit lui-même dans son action, nous remarquons d'abord que la première condition de son régulier fonctionnement, c'est l'*attention*, qui, lorsqu'elle porte successivement sur plusieurs éléments simples d'un fait complexe, s'appelle *Abstraction*.

L'*Abstraction* n'est que l'*attention différenciée* et successive au lieu de rester *une*.

L'abstraction permet (grâce au principe de l'Attraction du semblable au semblable) de former une troisième association de concepts plus vaste que les deux précédentes (*jugement* et *raisonnement*) c'est la *généralisation*.

Ces *trois* résultats des *opérations* de l'esprit : jugement, raisonnement, généralisation, sont avant tout des idées groupées par l'*Attraction* dont l'intensité plus ou moins grande fait la cohésion ; nous constatons que cette cohésion est tantôt très faible, tantôt tellement forte que les groupes correspondants sont considérés comme indissolubles. Dans ce cas, nous disons que le jugement, le raisonnement ou la généralisation sont vrais. Si la cohésion est faible ou nulle, le jugement est douteux ou faux.

Comme nous l'avons vu aux chapitres II et VI, c'est notre *sens inconditionné* qui nous fait sentir la cohésion plus ou moins grande des associations d'idées **Le critérium de la certitude est donc le sens inconditionné** *immanent* en chaque être, variant et se différenciant avec chaque être. C'est la *première* *manifestation* du Principe de Progrès : *la puissance d'exister* se sentant elle-même.

Le *sens inconditionné* n'est pas un élément transcendant et simple, le même pour tous les êtres et indépendant d'eux. La preuve en est, que telle proposition (par exemple en mathémathiques supérieures) est évidente pour un esprit et a besoin d'une démonstration détaillée pour un esprit inférieur, quoique égal au premier en érudition.

Dès que nous sommes certains de la légitimité des *trois formes* fondamentales sous lesquelles se manifeste la pensée, nous pouvons fonder les **Sciences**. Une science est en effet, un assemblage de jugements, de raisonnements, de généralisations reliés entre eux par des rapports rationnels (sous le contrôle du sens inconditionné), de façon à former une certaine *Unité*.

Les lois qui régissent la pensée et déterminent la légitimité de toutes les manifestations de la pensée, régissent donc aussi toutes les *Sciences*.

Ainsi la *Logique*, Science des lois de la pensée, peut être appelée la *Sciences des Sciences*.

Eclairés par le sens inconditionné qui légitime les données des sens, les opérations de l'esprit et toutes les sciences, nous pouvons, des phénomènes (ces manifestations primaires de la substance), nous élever aux lois de plus en plus générales jusqu'aux *Trois principes*, attributs, ultimes et irréductibles : *Unité Attraction. Progrès*.

Les *trois opérations* de l'esprit dont nous venons de parler, régies par les lois de la *logique* et servant de bases à toutes les *sciences*, doivent leur naissance à cette forme de l'activité humaine qu'on appelle l'*attention* et à sa modalité différenciée : l'*abstraction*.

Il existe encore deux autres formes sous lesquelles l'âme exerce son activité : la *Mémoire* et l'*Imagination*. Elles ne sont pas soumises aux lois générales de la pensée, car elles ne donnent pas lieu à des conclusions ayant besoin d'être légitimées.

Mais elles engendrent des associations d'idées formées, comme les précédentes, en vertu du principe d'*attraction* du semblable au semblable.

Un point commun à deux idées complexes est cause que la première *attire* la seconde.

Si celle-ci est un fait passé, c'est la *mémoire* (qu'on peut considérer comme *imagination reproductrice*).

Si c'est un fait inexistant, c'est l'*imagination* (considérée ici comme *créatrice*).

Les idées engendrées par l'imagination *reproductrice* ou *créatrice* forment, par leurs divers groupements, les **lettres** et les **arts**.

L'âme humaine a donc *trois manières* d'exercer son *activité* :

1° L'*Attention* à laquelle se rattache l'*abstraction* ;
2° La *Mémoire* ;
3° L'*Imagination*.

Elle produit des idées qui, toutes soumises à l'*Attraction*, forment d'abord un ensemble *un*, homogène et incohérent qui devient, sous l'influence du Principe de *Progrès* de plus en plus *différencié*, cohérent et parfait.

L'activité de l'homme s'exerce dans trois différents domaines : les **sciences,** les **lettres** et les **arts.**

Nous avons étudié l'activité humaine ou *Volonté* dans sa fonction essentielle, la *pensée*.

Si nous l'envisageons, non plus au point de vue *abstrait*, mais au point de vue *concret*, dynamique et vivant, nous trouvons que la *volonté* est *aussi soumise à des lois* dont l'ensemble forme la *science* qu'on appelle *morale*.

Ces lois, il appartient au moi individuel dans sa septième manifestation (la *volonté libre*) de les imposer à ses instincts, de façon à les faire tendre à son *bonheur*, au *Bien* qui est à sa fin ; de même qu'il doit toujours diriger ses *pensées* vers la *vérité*.

Si la *logique* est la science des lois de la *Pensée*,

La *morale* est la science des lois de la *Volonté*.

Le critérium qui, en *morale*, indique à l'homme qu'il approche ou s'éloigne de son *Bien* est la *sympathie* que j'appellerais la *boussole de la morale*.

Nous avons vu au chapitre III que le principe des lois de la morale est l'*Attraction sympathique et fraternelle*, que c'est par la Fraternité que les hommes doivent communier en un universel et ineffable amour où ils trouveront le bonheur.

Enfin, au chapitre VI, cette morale a été généralisée et étendue à tous les êtres reliés par l'*Attraction* sympathique universelle.

Chaque être est doué du *sens inconditionné*, émanation du Principe de *Progrès* qui influe sur l'*Attraction* en la *différenciant*, l'*améliorant* et qui s'épanouit dans sa septième manifestation en *volonté puissante*.

Cette *volonté*, dont le principe est le *Progrès*, a le pouvoir, non de créer mais de modifier mystérieusement l'*Attraction*, source des mouvements vibratoires qui se transmettent de proche en proche dans la substance *une*. L'homme peut ainsi, par une volonté suffisamment intense (que les croyants appellent une prière ardente, une foi vive), modifier les lois de la nature, comme en témoignent les expériences scientifiques d'hypnotisme.

C'est ainsi que, comme nous l'avons dit au chapitre VI, après avoir montré tous les *sentiments* engendrés par l'*Attraction* sympathique (et ne ressemblant d'ailleurs à leur primitive génératrice qu'autant qu'une force redevient elle-même après s'être réfractée dans le milieu qu'on appelle le moi),

L'homme peut communier avec tous les êtres en lesquels se *différencie* la substance *une* et où l'*amour* et le *vouloir* sont consubstantiels.

## XX

# DÉMOGONIE

*Genèse des peuples.*
*Rapports différentiels entre les peuples. — Guerre. — Patriotisme.*
*Malthus. Ricardo*

**Genèse des peuples.** — En cette question, je résumerai simplement la théorie de Herber Spencer, mais en la modifiant dans sa forme, de façon à prouver que les trois principes *Unité, Attraction, Progrès*, président à la formation des sociétés comme à celle des mondes et des êtres vivants.

Ainsi que le montrent les tribus barbares, la société, dans sa forme primitive et inférieure, est un agrégat homogène et *un* d'individus ayant des facultés et des fonctions semblables. Tout homme est à la fois guerrier, chasseur, maçon. La société primitive commence donc par un état d'*unité*.

Sa raison d'être en tant que société, est ce fait que tous ses membres sont groupés, attirés les uns vers les autres par une *attraction* sympathique.

Nous trouvons de très bonne heure dans l'évolution sociale, un commencement de *différenciation* entre les gouvernants et les gouvernés. C'est l'autorité du plus fort qui s'impose. Cette autorité devient de plus en plus prépondérante.

Elle réunit d'abord en *un* seul, le pouvoir civil et le pouvoir religieux, lequel est né de la terreur ou de de l'admiration des phénomènes naturels, lorsque l'homme a commencé à se demander d'où il venait et où il allait.

Peu à peu, le pouvoir *unique se différencie* en deux autres pouvoirs (civil et religieux) distincts, dont chacun simple et *un* à l'origine, s'organise en rouages de plus en plus complexes.

En même temps, la masse des gouvernés s'est *différenciée* en classes distinctes de travailleurs. Chaque classe, d'abord homogène et *une* au point de vue des fonctions, se *diversifie* à son tour, d'après le principe la *division du travail*. Chaque membre est affecté à un travail différent selon ses aptitudes.

Les distinctions, d'abord vagues et confuses, se définissent et se précisent peu à peu pour former un ensemble de plus en plus harmonique et parfait.

On peut donc dire que, par suite de l'*Attraction* du semblable au semblable, de la *tendance à la différenciation* et de la formation de *centres d'attraction différentiels*, quatrième et cinquième manifestation du principe de *Progrès*,

Les sociétés humaines passent d'une *unité*, d'une homogénéité incohérente à une hétérogénéité de plus en plus cohérente, se dirigeant sous l'influence du principe de *Progrès* vers la perfection et le bonheur de la société, bonheur qui sera réalisé par l'*Attraction* sympathique régénérée.

## Quelques conséquences de notre Conception philosophique.

Nous avons définitivement prouvé que les trois principes *Unité, Attraction Progrès*, expliquent bien tous les phénomènes de l'univers, que si un seul manque, le monde devient incompréhensible et que les conceptions différentes de la nôtre, heurtent soit la science, soit la raison.

Il en résulte que ce n'est qu'en suivant les lois déterminées par l'évolution complexe, relative et harmonique de ces Trois-Principes, que l'homme pourra arriver à la Béatitude.

Nous allons montrer dans ce chapitre et les suivants, que tous les malheurs de l'humanité sont venus et viennent des fausses conceptions de l'univers inculquées sous forme de religions et de systèmes philosophiques et ayant engendré des morales plus ou moins pernicieuses.

Les grands fléaux de l'humanité, la guerre armée ou économique, la lutte pour la vie poussée jusqu'à la haine, sont nées de ce qu'on n'a pas conçu l'univers comme formant une *Unité* harmonique dont les parties ne doivent pas s'entredéchirer, mais au contraire, s'unir par l'*attraction* sympathique,

Que l'attraction est en principe le moteur de toutes choses et non la répulsion et la haine qui ne sont que l'attraction et l'amour transformés par des obstacles,

Que ces obstacles ne doivent pas être multipliés mais réduits au minimum nécessaire pour produire les *différenciations* inhérentes au Principe de *Progrès* qui doit diriger l'humanité vers la Perfection et le Bonheur.

A ceux qui prétendent que ces obstacles : la *guerre*, ou d'une façon plus anodine la *concurrence* commerciale, l'*émulation* basée sur la propriété individuelle sont utiles et même bienfaisantes, nous allons montrer qu'elles sont en principe des maux, qu'elles doivent disparaître, et que, même les rivalités pacifiques seront réduites au minimum indispensable pour que l'humanité ne s'arrête pas dans l'immobilité de l'*Attraction Une*

**Rapports différentiels entre les peuples.** — Pendant que les nations se sont de plus en plus différenciées dans leurs diverses parties, ainsi que nous venons de le voir, elles ont pris une forme de plus en plus définie et cohérente. Elles se sont unifiées, non plus de cette *Unité* abstraite et inféconde, mais d'une *Unité* concrète et vivante.

De cette deuxième unité, que j'appellerai *superunité*, est née par abstraction juridique, une entité métaphysique : l'**État**, personnification morale de la nation.

Ce fut certes un beau progrès que la réalisation de cette *superunité* ; mais ce fut aussi une erreur funeste de donner un sens *absolu* à cette personne morale et de la considérer comme la *Perfection* que le Principe de *Progrès* ne devait pas dépasser.

Les conséquences de l'État considéré comme une personne *absolue*, c'est d'abord que la personnalité de l'individu opprimé, écrasé, s'efface devant celle de l'État. Ensuite que l'État peut et *doit*, comme toute personne, s'accroître aux dépens de ses voisins, et, au besoin les ruiner, les détruire, contrairement aux Principes de l'*Unité* et de la *Sympathie* universelles.

Comme il n'existe pas sur la terre, de pouvoir juridique supérieur à celui de l'État, les actes de ce dernier ne sont régis que par une seule loi, la *Loi du plus fort*. Les différends entre nations sont réglés par de vastes massacres, véritables boucheries humaines.

Il serait superflu de développer, dans ce dernier ordre d'idées, les conséquence odieuses de cette violation des principes d'*Unité* et de *Sympathie* universelles.

Mais il est un autre point de vue sous lequel on a une tendance funeste à considérer comme naturelle et normale la lutte des États, c'est l'*ordre économique*. Et pourtant, c'est dans cet ordre qu'il est le plus facile de montrer scientifiquement l'erreur des *divisions artificielles* de l'humanité *une* en parties distinctes et antagonistes, qui, par leurs personnifications *absolues*, sont nécessairement ennemies et régies dans leurs rapports par la répulsion et la haine.

Dans l'ordre économique, la première conséquence de la personnification absolue de l'État est la loi du **Change**.

L'État *absolu* étant par conséquent un milieu fermé, les conditions économiques, entre autres la facilité de la vie matérielle, s'y déterminant d'une certaine façon, indépendamment des États voisins. Suivant qu'un peuple est plus ou moins favorisé de la nature, au physique et au moral, il sera riche ou pauvre.

L'État pauvre, par une conséquence des lois économiques, ne peut avoir qu'une monnaie de papier, c'est-à-dire fiduciaire. Et la valeur de cette monnaie sera fonction précisément de la fortune de cet Etat. A égale valeur nominale, la monnaie de l'État pauvre sera inférieure à celle de l'État riche.

Par cette barbare conséquence des lois économiques, l'État le plus pauvre, c'est-à-dire à qui il manque le plus de choses, obligé de se procurer ces choses chez ses voisins, les payera plus cher que s'il était riche ; il s'appauvrira de plus en plus. Et plus il s'appauvrira, plus il payera cher.

Il devra racheter une infériorité dont il n'est pas coupable, par une exportation de ses sueurs, jusqu'à ce qu'épuisé, il soit saisi par la faim, ce monstre hideux qui guette les peuples pauvres.

La deuxième conséquence économique de l'*État Absolu*, c'est le **Protectionnisme**.

L'*État Absolu* doit tendre à s'enrichir et à se développer indéfiniment.

S'il est riche, c'est-à-dire s'il ne lui manque rien, il doit frapper d'un droit le plus exhorbitant possible, tout ce qui passe par ses frontières, de façon à faire payer très cher aux États pauvres, les objets nécessaires à leur existence et à les empêcher de pouvoir écouler les produits qu'ils pourraient avoir en excès et qui feraient concurrence à ceux de l'État riche.

Il est facile de voir, d'après ce qui précède, combien le *Protectionnisme* est contraire aux principes de l'*Unité* et de la *Sympathie* universelle.

Nous allons enfin étaler les conséquenses sanguinaires auxquelles aboutit le Protectionnisme lorsqu'il se dissimule sous le masque de la Patrie ou de la Nationalité.

**La Guerre est un assassinat. — Le Patriotisme est un crime.**

Si l'idée de l'État Absolu ou de Patrie fut une première étape de l'humanité vers l'Attraction fraternelle par la solidarité qu'elle établit entre les compatriotes, on doit observer que l'antipathie entre nations devient plus violente et plus odieuse qu'entre les individus primitifs : on ne tue plus par nécessité, pour se nourrir, mais par haine de la tribu étrangère. Le mot hôte fut synonyme d'ennemi.

A ce point de vue, l'idée de Patrie (élaborée sous l'influence du Principe de *Progrès* dont la marche est *alternante*, c'est-à-dire progressive et régressive) fut un recul pour l'humanité.

Que l'on considère tous les actes de cruauté et de barbarie qui ont pour cause la sublime idée de patrie, tous les crimes commis en son auguste nom !

Et pourtant, aucune idée, comme elle, n'a fait vibrer le cœur humain. C'est sur elle que repose le débile édifice des vieilles nations chancelantes.

Combien débile l'édifice bâti de cadavres, cimenté de larmes et de sang !

**Il faut que tout homme sache que la guerre est un assassinat et le patriotisme un crime.**

Les véritables ennemis d'un peuple ne sont pas les peuples voisins, mais ses propres gouvernants qui se sont emparés du souverain pouvoir soit par force, soit par ruse et qui ne s'y maintiennent qu'en faisant massacrer leurs peuples les uns par les autres.

Malgré les paroles de paix qu'ils ont souvent sur les lèvres, mais jamais dans le cœur, les hypocrites chefs d'États craignent que pendant les loisirs de la paix, les prolétaires ne comprennent l'usurpation des riches. Il faut donc que la haine des prolétaires, prélude de massacres futurs, soit dirigée contre les prolétaires de la nation voisine, de peur qu'elle ne le soit contre les chefs usurpateurs de leur propre nation.

Cette **haine criminelle** des frères d'un autre peuple s'appelle **Patriotisme**.

« La guerre est un assassinat et le Patriotisme un crime ».

Telle devrait être la prière du matin et du soir dans toutes les écoles des enfants du peuple.

Que dans ces écoles, les bourreaux des nations soient mis au pilori de l'histoire, depuis les antiques ordonnateurs de boucheries humaines, fléaux élus de Dieu et ne connaissant pas la peur,

Jusqu'aux modernes et lâches chefs d'États, élus de leurs concitoyens, qui, pour créer des « débouchés au commerce et à l'industrie » des grands capitalistes ou pour livrer à des financiers avides et sans scrupules des mines d'or et de diamant, déchaînent des luttes d'extermination contre de faibles et héroïques petits peuples;

Et enfin jusqu'aux infâmes politiciens des Deux-Mondes qui, pour augmenter l'opulence des riches accapareurs, livrent les prolétaires à la misère et à la faim, **et se servent de l'armée nationale pour massacrer leurs concitoyens pauvres quand ils leur réclament du pain.** Le pain qu'ils ont arrosé de leurs sueurs et de leurs larmes.

Peuples prolétaires, chair à canons.

Cessez les armements fratricides qui vous épuisent, et l'esclavage de trois longues années que vous imposez à vos fils, loin des travaux où leurs bras sont nécessaires.

Dans ces bagnes qu'on appelle casernes, écoles de paresse, de vol et de débauche.

A l'aurore de ce vingtième siècle, on ne parle que de guerres prêtes à éclater : qu'un vieux monarque meure et toute l'Europe sera en feu pour satisfaire l'ambition d'un orgueilleux despote.

**Il est temps que les humbles gouvernés, chair à canons, fassent une alliance universelle contre les gouvernants assassins** qui rêvent de massacres futurs pour augmenter le nombre de leurs provinces.

Peuples des deux-mondes.

Un point de ralliement s'offre à vous ; une grande question sur laquelle vous êtes tous unis : **la Guerre des Boers** puisqu'il faut l'appeler par son nom.

Cette guerre infâme, suggérée par des financiers criminels, qui en deux ans synthétise et condense des siècles de barbarie qu'on croyait disparus : l'injustice cynique et odieuse, la cruauté raffinée, le mépris de l'honneur des femmes et de la vie sacrée des prisonniers, l'affreuse loi martiale et des horreurs qui font reculer la civilisation de plus de trois mille ans.

Ce peuple de héros et de martyrs qui verse son sang sur l'autel de la Liberté, fait battre vos cœurs à l'unisson.

Arrachez-le à ses bourreaux.

Prenez sur toute la Terre, pour cri de ralliement : **Sauvons les Boers.**

Et forcez vos hypocrites gouvernants à intervenir en leur faveur.

Par ce cri qui deviendra universel, appaisez vos haines fratricides et insensées.

Que les Boers soient l'idéal en lequel vous communierez, par lequel vous vous fondrez en un seul peuple de frères.

. . . . . . . . . . . . . . . . . . . . . . . . . . . . . . . . . . . . . . . . . . . . . .

**Malthus, Ricardo.** — Nous ne devons pas perdre de vue que le but de notre conception de l'Univers est d'indiquer des moyens pratiques devant conduire l'homme au *Bonheur*.

A ce point de vue, une question d'une importance capitale se pose et s'impose, à savoir : que la quantité de subsistances nécessaires à l'humanité *a des limites* sur notre planète, et que l'humanité se multiplie *au delà de toutes limites*. Ou, selon l'expression de M. Périn « que la force mystérieuse qui préside à la génération de l'espèce humaine tend à dépasser, dans son impétuosité, les produits du travail ».

Il arrivera donc une époque, il est vrai très éloignée, où, par suite de la multiplication de la race humaine et de la loi de l'offre et de la demande, les biens économiques augmenteront de valeur suivant une progression qui dépassera toutes limites. Les heureux possesseurs de ces biens seront dans un état de supériorité exorbitante sur leurs frères malheureux.

Une telle catastrophe, quoique bien lointaine, est inévitable si l'on tient compte d'une loi économique que je généraliserai pour tous les biens susceptibles de propriété, au lieu de la réserver, comme *Ricardo*, à la *terre* seule, qui d'ailleurs n'est pas un agent naturel, mais un capital et par conséquent susceptible de propriété individuelle.

Cette loi économique, c'est-à-dire la certitude de

ce mal futur, par lequel les pauvres seraient à la merci des riches, est basée sur la propriété individuelle. La suppression de cette dernière est donc le remède à ce mal.

La propriété individuelle a été un *Bien,* en ce sens qu'elle est née de la tendance à la *différenciation,* quatrième manifestation du Principe de *Progrès* qui a fait sortir de l'*Unité* incohérente, stérile et inféconde, la primitive propriété commune et *une* à l'origine, pour toute l'humanité.

Mais, il arrivera un moment où la propriété individuelle sera un *mal,* c'est-à-dire un obstacle à l'harmonie et à la *sympathie fraternelle,* par les différences et les inégalités injustes qu'elle créera entre les hommes qui doivent être *égaux* dans l'humanité *Une.*

Il est certain, par suite de l'impulsion invincible du *Progrès* qui pousse le monde vers la perfection, que la *différenciation,* actuellement imparfaite, résultant de la propriété individuelle, s'*harmonisera* de plus en plus par les *rapports fraternels* qui se développeront. Ces *liens fraternels,* mode particulier de l'*Attraction* sympathique universelle, seront le facteur qui dirigera l'Humanité et les Biens économiques (actuellement *différenciés* par la propriété individuelle) vers une harmonique *Unité.*

**Le genre humain ne formera qu'une seule famille et les biens qu'une seule propriété commune à tous.**

Ce ne sera plus cette *Unité* incohérente, stérile et inerte, des âges barbares de l'humanité primitive, mais une *unité* concrète, vivante et féconde, une *super-unité*, ainsi que je l'ai dit précédemment.

Cependant, cette vaste réforme de la propriété, accomplie lentement sous l'influence invincible du Principe de *Progrès*, sera bien inefficace si le genre humain se multiplie en nombre *illimité*, pour consommer une quantité *limitée* de subsistances.

On peut prévoir des âges lointains où l'humanité future, devenue trop nombreuse, est destinée à mourir de faim.

Il faudra, comme le fait observer sagement *Malthus*, que les époux de cet avenir lointain s'imposent une chasteté aussi morale que nécessaire.

..................................................

*Malthus, Ricardo*....., sombres prophètes, et pourtant bienfaisants Mentors de l'humanité future, dont l'impitoyable logique essaye en vain de dessiller les yeux des peuples aveuglés ! Que de basses injures, que de boue jetée sur vos noms !

Ricardo traité d'esprit étroit « qui ne sut pas étendre sa pensée au-delà des phénomènes présents !

Malthus, le chaste, l'austère Malthus, mêlé à des mystères sans nom de l'alcôve et du lit nuptial !...

## XXI

# RÉVOLUTION SOCIALE.

Il me fut donné de voir, dans un immense festin, les grands de la terre s'enivrer de toutes les voluptés : les coupes de nectar leur versaient l'ivresse ; des filles à la gorge nue leur offraient les plaisirs de la chair.

C'étaient les pasteurs des peuples. Ils s'affirmaient les maîtres des hommes et des choses.

Les uns se réclamant de la volonté de Dieu, avaient imposé leur joug pesant et dur au bétail humain qui, inconscient le subissait.

Les autres, niant Dieu, s'étaient emparés par ruse du Pouvoir suprême et appesantissaient leur tyrannie hypocrite sur les peuples abusés.

D'autres enfin, par l'or devenu tout puissant, animaient un monstre aux mille bouches dardant mille langues de vipères : la Presse, puisqu'il faut l'appeler par son nom, répandant comme une bave immonde à la surface de la terre, le mensonge et l'erreur.

Par la Presse, ces usurpateurs excitaient les hommes

les uns contre les autres, les divisant en groupes politiques, et, soufflant la haine aveugle et stupide, profitaient des luttes de ces insensés pour leur extorquer le fruit de leurs labeurs et de leurs peines.

Ces usurpateurs de tous les partis qu'on appelait **politiciens** et **journalistes**, vivaient indolents et voluptueux du travail et de la misère des peuples qu'ils trompaient.

Il me fut donné de voir dans un festin, tous les grands de la terre, Rois, politiciens et journalistes s'enivrer des joies immondes. Les coupes de nectar leur versaient l'ivresse ; des filles à la gorge nue leur offraient les plaisirs de la chair.

..................................................

Mais tout à coup une lueur sinistre éclaira la salle immense. Des lettres de feu brillèrent : « Mané... thécel... pharès... »

Les superbes convives, glacés par la terreur, restèrent figés sur leurs sièges moelleux et splendides.

Un grand vieillard vêtu de blanc apparut, et parla comme le souverain juge parlera aux damnés :

« Compté... pesé... divisé...

» O vous, grands de la terre, qu'on surnomme Rois,
» Politiciens et journalistes de tous les partis, en appa-
» rence rivaux, mais en réalité unis par la solidarité
» du mensonge et du crime, vos jours sont *comptés*,

» vos mauvaises actions sont *pesées* et les richesses
» que vous, les oisifs, avez volées aux travailleurs
» seront *divisées* et *partagées* entre leurs vrais maîtres,
» aux prolétaires qui les ont créées à la sueur de leurs
» fronts.

» Rois qui excitez les peuples aux luttes fratricides,
» qui les aveuglez par **l'homicide haine que vous**
» **appelez Patriotisme** et les faites entrégorger,
» afin qu'ils vous laissent jouir en paix des trésors
» usurpés.

» Pharisiens et Princes des prêtres qui vous faites
» aujourd'hui appeler *Politiciens* et *Journalistes*, tous
» unis par la solidarité du mensonge et du crime, dont
» l'opinion commune à tous est l'horrible soif de l'or.
» Vous vous faites croire ennemis, vous divisez cha-
» que peuple en groupes hostiles animés les uns con-
» tre les autres, d'une haine aveugle et stupide que
» vous enflez avec une diabolique malice et grâce à
» laquelle, infâmes jouisseurs, vous vivez en paix de
» votre monstrueuse industrie.

» Vous faites un Enfer de haine et de misère de ce
» monde qui devrait être l'Eden de la Fraternité et du
» Bonheur..... Je vous maudis. Votre règne est fini.
» Celui de la justice commence ».

Le vieillard à la longue barbe blanche avait dit.

Et autour de son front brillait l'auréole divine.

Les grands de la Terre : Rois, Pharisiens et Princes des prêtres qui s'appelaient *Politiciens* et *Journalistes*, restaient figés sur leurs sièges, glacés par la Terreur. Leurs yeux hagards voyaient quelque chose de sinistre :

L'écroulement de l'édifice social, de ce palais dans lequel ils vivaient princes et qui allait les ensevelir sous ses ruines.

............................ .. ........................

Il m'a été donné de recevoir l'explication de cette vision étrange.

Elle signifie que les temps sont proches où les Pharisiens, les Docteurs de la Loi et les Princes des prêtres qui s'appellent aujourd'hui, **Capitalistes, Politiciens** et **Journalistes**, ne tromperont plus, n'exploiteront plus les travailleurs jusqu'ici humbles et crédules, qui vont enfin se redresser et déchirer le voile de l'hypocrisie et de l'imposture.

J'ai parlé aux Pharisiens, aux Princes des prêtres et aux Docteurs de la loi. Je leur ai d'abord adressé des paroles de paix, de conciliation, leur abandonnant généreusement et sans envie la grossière jouissance des biens matériels, en échange de l'observance d'une idéale fraternité qui aurait suffi à donner le bonheur au genre humain.

Et les Pharisiens, les Princes des prêtres et les Docteurs de la Loi qu'on appelle *capitalistes, politiciens* et *journalistes* ne m'ont pas écouté.

Ils m'ont regardé avec dédain, animés de la plus basse jalousie et d'un aveuglement inexplicable, ils ont entouré ma voix du *blocus du silence*.

Et pourtant alors je ne disais que des paroles de paix et de salut pour eux.

Les croyant dignes de communier avec nous dans l'universel amour, nous ne leur demandions en échange qu'une idéale fraternité.

Maintenant que nous avons vu leur inexplicable et basse jalousie, leur hypocrisie et leur indignité, nous ferons entendre des paroles de justice et de sévérité.

D'abord nous persuaderons aux peuples de **s'affranchir des journalistes de tous les partis** qui tous sont des imposteurs.

A la vérité, les journalistes, quelle que soit leur dénomination mensongère, ne peuvent vivre que de 'or des riches.

(Ce qui suit a été rédigé avec la collaboration d'un groupe d'amis de Damazan, de Marmande et de Clairac : MM. Ortet, Bougès, Maron, David, etc...)

Les feuilles quotidiennes ne sont guère vendues plus qu'elles ne coûtent : un petit sou. La vente des journaux au public ne procure pas un gain appréciable.

D'où vient donc la quantité d'argent qui permet aux journalistes de satisfaire leurs désirs effrénés de luxe et de débauche ? D'où vient l'or qui paie les grands rédacteurs à 500 francs par jour ?

Cet or vient d'abord des capitalistes qui ont fourni les fonds nécessaires pour créer le journal. Comme cette fondation exige des sommes considérables, les riches seuls peuvent fonder des journaux.

Ces journaux, une fois nés, vivent au moyen des *annonces de la 4ᵉ page* qui se vendent un prix très élevé et ne sont à la portée que des commerçants riches.

Ce sont donc les capitalistes qui font vivre les journaux de tous les partis, après les avoir fondés.

Par suite, tous les journaux sont les organes plus ou moins dissimulés des riches. Même ceux qui se prétendent les défenseurs des prolétaires soutiennent en réalité les intérêts des riches, tout en faisant croire, par des mensonges odieux, qu'ils sont les avocats des pauvres.

Les journalistes ne vivent que de l'or des capitalistes.

Tantôt, par un contrat librement consenti, les rédacteurs louent leurs services aux riches, le salaire étant proportionnel au talent, ou plutôt à l'hypocrisie du journaliste.

Tantôt c'est par le **Chantage.**

Un rédacteur désirant de l'argent, répand une

calomnie contre un riche. Celui-ci, pour éviter le scandale ou un procès compromettant, fait cesser l'article injurieux et n'y parvient qu'en gorgeant d'or le journaliste médisant ou calomniateur.

**Les journalistes de tous les partis, même les socialistes, ne pouvant vivre que de l'or des riches, sont obligés d'être les auxiliaires et les serviteurs des riches.** Or en servant la cause des riches, ils agissent contre les travailleurs pauvres ou prolétaires.

Les journalistes étant forcés, pour gagner beaucoup d'or, de servir les riches, sont forcés de trahir les prolétaires, tout en se faisant passer parfois pour leurs défenseurs.

En vérité, tous les journalistes, même ceux qui se font appeler socialistes, sont par la force des choses, ennemis des prolétaires, ennemis des pauvres et serviteurs des riches.

Que devront donc faire les pauvres prolétaires pour s'affranchir des journalistes ?

Ils devront fonder un journal qui puisse vivre des deniers, des cotisations très faibles, très minimes, mais très nombreuses de tous les prolétaires, lesquels propriétaires et maîtres de ce journal pourront en choisir les rédacteurs.

Ces rédacteurs, surveillés de très près et chassés au premier indice de corruption, auront pour mission de servir les intérêts des prolétaires et de combattre les riches.

Mais pour que cette grande institution du **Journal universel des pauvres** ne soit pas inutile et illusoire, il faut que la rédaction soit confiée à des hommes nouveaux et non à des journalistes actuels, car tous, même ceux qui se dissimulent sous le manteau socialiste, sont plus ou moins corrompus par l'argent des capitalistes.

Ce grand journal des pauvres, aura l'immense majorité des lecteurs, puisque les pauvres sont l'immense majorité.

Les journaux des riches, n'ayant presque plus de lecteurs et plus personne à tromper s'éteindront, pour laisser la place au grand journal des pauvres qui paraîtra chaque jour dans toutes les nations et en toutes les langues.

A l'inverse d'aujourd'hui, les pauvres, conscients de leur force invincible, auront seuls des défenseurs dans la Presse internationale.

Ils seront tout puissants, maîtres absolus de toute la la Terre.

Alors la Révolution sociale sera proche.

Ce jour, il peut être demain....

Que les prolétaires le comprennent et s'unissent pour

le bien comme les riches sont aujourd'hui unis pour le mal.

**Les prolétaires s'affranchiront des politiciens**, c'est-à-dire des imposteurs de tous les partis qui vivent de la politique.

**Or, qu'est-ce que la politque ? C'est l'art de diviser les nations en groupes dont chacun choisit un chef qu'il gorge d'argent** en l'élevant à une fonction richement rétribuée.

Ces chefs de groupes sont les politiciens qui ont intérêt à diviser les nations en groupes politiques très nombreux qui engendrent de très nombreux chefs tous gorgés d'or, de l'or produit par les sueurs des prolétaires.

Ces groupes ont des noms bizarres et barbares dont personne ne connaît au juste le sens; réactionnaires, centres droit et gauche, progressistes, opportunistes, radicaux, socialistes, nationalistes, etc... et beaucoup d'autres encore qui ne servent qu'à entretenir la paresse et la débauche de leurs nombreux chefs.

A mon humble avis, **il n'existe que deux groupes** et non une série illimitée de groupes, ce sont : les **riches** et les **pauvres**, les exploiteurs et les exploités, les trompeurs et les trompés.

Les riches et les imposteurs de tous les partis, en apparence ennemis, sont secrètement unis en un seul groupe pour exploiter les travailleurs.

Que les pauvres fassent donc de même, qu'ils cessent leurs divisions et s'unissent en un seul parti resserré par une indissoluble fraternité.

Les riches ne pourront plus profiter des luttes intestines des pauvres pour accumuler les monceaux d'or volés aux travailleurs et jouir en paix de leurs richesses mal acquises.

Les pauvres étant ainsi unis et tout puissants, devront choisir pour chefs, des pauvres comme eux et non des riches, dont les intérêts sont opposés aux leurs et qui fatalement les trompent et les exploitent.

**Il faut que dès maintenant, les prolétaires se fassent représenter** *au parlement* **par des prolétaires.** Pour être absolument sûrs de n'être pas trompés, ils investiront leurs représentants d'un mandat très précis, très étroit, d'un **mandat impératif** que le mandataire sera obligé d'exécuter strictement, sous peine d'une révocation infamante.

**Les prolétaires s'affranchiront des capitalistes par la journée de huit heures.** Ce troisième affranchissement sera la conséquence naturelle des deux précédents, c'est-à-dire de la suppression des **politiciens** et de la suppression des **journalistes de tous les partis** qui, les uns et les autres, ouvertement ou secrètement, sont les défenseurs des riches capitalistes.

Les politiciens et les journalistes étant supprimés, les

prolétaires ne seront plus trompés ni exploités par les capitalistes.

Ils institueront un vaste **journal international des pauvres** qui les éclairera sur leurs véritables intérêts.

La première mission de ce grand journal sera de faire comprendre aux travailleurs que la **journée de huit heures** est une réforme à la fois juste, nécessaire et très facile à réaliser par la grève générale et internationale.

Il suffit pour cela que les travailleurs s'unissent, ce qui ne présentera pas de difficulté, grâce au journal international des pauvres.

Ces derniers n'ayant plus le corps brisé par un travail presque sans repos, pourront consacrer les loisirs auxquels ils ont droit, à la culture de leur esprit et à l'amélioration de leur cœur.

Ils deviendront capables de diriger eux-mêmes les affaires publiques et ne seront plus obligés de confier ce soin à des mandataires riches qui les trompent et les exploitent.

Les travailleurs ne seront plus esclaves, ils s'élèveront à la dignité d'hommes.

Ce sera un grand pas vers l'Emancipation sociale

Mais les prolétaires doivent commencer par **s'affranchir des politiciens et des journalistes de tous les partis, qui tous, sont des hypocrites et des imposteurs.**

A la vérité ce sont les deux réformes les plus difficiles de la **Révolution sociale**, qui, après la suppression des politiciens et des journalistes ne nécessitera pas un pénible effort ni effusion de sang.

Tout cela doit s'accomplir sans violence.
Un progrès, pour être durable, doit être le résultat non d'une cassure, mais de l'évolution naturelle, accélérée toutefois, autant que possible, par la **prédication** et la **propagande** par persuasion,
Et en observant la loi d'universel développement du Ternaire éternel : **Unité, Attraction, Progrès.**

## XXII

# ET LE VERBE S'EST FAIT CHAIR

Éternité... Éternité... Éternité...

Cosmogonies... Mythologies... Théogonies...

Matière cosmique... Temps... Espace...

Mondes naissants, Mondes vivants, Mondes morts. Cycles de la vie des Mondes.

Nébuleuse solaire... Nuit des Temps.

Genèse de Moïse, Atomes crochus d'Epicure, Tourbillons de Descartes, Gravitation de Newton...

Soleils, planètes et satellites de planètes à rotation directe et à rotation rétrograde...

Premières manifestations de la Vie inconsciente et fatale sur les mers fangeuses du Globe...

Au-dessus de vous, avant vous, je vois Trois Principes : *Unité, Attraction, Progrès* qui, par leur compénétration, leurs relations réciproques, leur *Verbe*, ont fait évoluer la matière inerte, depuis le cristal au mouvement insensible et fatal, jusqu'à l'homme que la pensée émancipe.

Qu'elle émancipe de l'esclavage, de ses instincts, qu'elle rend **libre** et divin, en même temps qu'elle lui fait connaître que tous les hommes sont **égaux** et qu'ils doivent s'aimer en **frères**.

Mais, pour arriver à cette relative perfection, que de milliers de siècles se sont écoulés depuis le règne de la Force injuste et cruelle, jusqu'au moment où l'homicide superstition fut déclarée impie et la justice fille de Dieu !

Que de cadavres broyés, que de cœurs ulcérés, que de nobles aspirations étouffées !

Que d'Empires puissants effondrés en des chutes lamentables !

Mèdes, Perses, Babyloniens, Egyptiens, Macédoniens, Grecs, Romains.

..............................................................

Prométhée... Orphée... Moïse...
Zoroastre... Confucius... Bouddha...
Pythagore... Socrate... Platon...
Initiateurs sublimes.... Incarnations du Verbe divin...

..............................................................

Enfin, par la conquête romaine, le monde occidental asservi à une monarchie absolue, écrasé sous des rouages administratifs d'un mécanisme aussi scientifique qu'impitoyable. Puis les forces s'en allant peu à peu de ce grand cadavre romain que la vie a quitté avec la liberté.

C'était, il y a dix-neuf siècles, l'Occident ramené par Rome à l'*Unité*, paraissait pour jamais plongé dans l'immobilité de la léthargie.

..................................................

Alors un homme est venu dont la grande voix sembla un instant réveiller les nations endormies...

Il parla d'*Égalité*, de *Fraternité*...

Dans son délire de révolte, il crut accomplir les Prophètes.

Et le vieux monde en eut lui aussi l'illusion.

Un vent de révolte et de revendications infinies, passa sur les déshérités.

Ce grand mouvement d'émancipation fut arrêté par ceux-là mêmes qui avaient pour mission de le diriger, par les prêtres mêmes du culte nouveau.

Une religion de fraternité est devenue un instrument d'esclavage et d'oppression.

Pendant quinze siècles, un joug de fer s'est appesanti sur les épaules du malheureux genre humain.

Les persécuteurs, non contents de torturer les corps, ont étouffé les consciences et avili les cœurs.

Les peuples enchaînés, plongés dans les ténèbres, écrasés, moulus, brisés, ont souffert sans se plaindre pendant quinze siècles.

Enfin, les libérateurs sont venus avec la *Révolution française*.

Ils ont parlé de *Liberté*, d'*Égalité*, de *Fraternité*.

Eux aussi, ils ont donné leur sang pour la délivrance du genre humain.

Et le vieux monde en a été ébranlé, le voile de l'erreur s'est déchiré de haut en bas, les peuples morts sont ressuscités.

Un souffle divin est passé sur les nations. Les chaînes sont tombées.

Les jougs se sont brisés. Les esclaves ont relevé le front, ils étaient libres.

Alors, tous les tyrans de l'Europe se sont jetés sur les Rédempteurs de la Révolution française, pour les écraser sous leurs lourdes phalanges.

Les Français, vaincus d'avance, devaient être égorgés ou vendus comme esclaves.

Que pouvaient-ils, un contre vingt, sans chefs, sans armes, la moitié de leurs frères égarés, rebelles à la Patrie, s'unissant aux ennemis du dehors ?

Mais le souffle divin de la Révolution avait passé sur eux.

Et on a vu cette poignée de héros repousser les puissantes armées des tyrans, briser les ignobles entraves des opprimés, renverser les trônes et délivrer les peuples.

Et voilà plus d'un siècle que, devant l'Univers étonné, la France fait toujours briller le triple flambeau de la Liberté, de l'Égalité et de la Fraternité.

..............................................
..............................................
..............................................

Voilà donc plus d'un siècle que, grâce à la France, les peuples de l'Occident sont maîtres de leurs destinées.

N'est-il pas lamentable de voir le peu de progrès accompli depuis la Rédemption française ?

C'est qu'au lieu de faire de l'éducation et de la morale, les pouvoirs publics n'ont fait que de la science et de la politique. Ils se sont adressés à l'esprit et aux appétits matériels, souvent à l'envie et à la haine ; jamais ou presque jamais au sentiment *fraternel*.

C'est pourtant au cœur qu'il faut s'adresser pour faire progresser l'humanité et lui donner le Bonheur.

Il faut réformer l'éducation des écoles du peuple.

Transformez le service et le caractère de l'instituteur actuel, qui n'est qu'un simple fonctionnaire au lieu d'être un *Éducateur*.

Faites de ses fonctions un sacerdôce et de ce fonctionnaire un apôtre. Que l'école normale, au lieu d'être un timide établissement d'instruction aride, propre plutôt à dessécher les cœurs, soit une pépinière de missionnaires qui y puiseront le courage, l'héroïsme nécessaire pour renouveler la face du monde.

Que dans l'enseignement donné à la jeunesse, contrairement à ce qui se produit aujourd'hui, la partie morale prime la partie scientifique, car c'est le sentiment et non la science qui est le moteur des actes humains. Nous l'avons dit au chapitre V, il est la Force qui gouverne le monde pensant.

Est-ce par la science que Moïse, Bouddha, Mahomet, Jean-Jacques Rousseau ont fait trembler le vieux monde sur ses bases chancelantes ?

Et le sublime ignorant qui a été crucifié sur le Calvaire et qui, en quatre siècles, a conquis l'Occident.... de quels moyens disposait-il ?

De douze hommes qu'il a envoyés pour enseigner sa doctrine. Que leur a-t-il donné ? La science ? Non. Mais trois vertus : la Foi, l'Espérance et la Charité. Il les a embrasés de l'esprit de prosélytisme qui le consumait lui-même.

Qu'il en soit fait de même pour ceux dont la mission est, en nous apprenant la science et l'art, de nous rendre plus purs et plus forts.

Que l'esprit de *Liberté*, d'*Égalité*, de *Fraternité*, triple *Verbe*, triple émanation consubstantielle des Trois Principes : **Unité, Attraction, Progrès,** qui dominent toutes choses, descende en trois langues de feu dans l'âme de nos *Éducateurs*.

Que par leur enseignement embrasé de foi et de persuasion invincibles, le triple *Verbe* : *Liberté, Égalité, Fraternité* descendu jusqu'à nous, s'incarne dans nos cœurs !

Et tous les êtres de la nature pourront concélébrer dans une sublime extase.

Saint, Saint, Saint, trois fois Saint.

*Le Verbe s'est fait chair et il a habité parmi nous,*

## XXIII

# ÉDUCATION

L'homme étant une activité indéfiniment perfectible, c'est à l'Éducateur qu'incombe la mission de faire progresser le genre humain, de hâter sa marche vers la Perfection et, par conséquent, de lui donner le *Bonheur*.

L'Éducation appartient à l'État. C'est parce que cette vérité a été, depuis un siècle, méconnue, que l'humanité n'a pas progressé depuis la Rédemption française.

Cette vérité, elle est aujourd'hui plus que jamais méconnue. Il est admis que l'État ne doit s'occuper que de l'*Instruction* seule, qui, étant seule, sera forcément *neutre*. Quant à l'*Éducation*, on l'abandonne à la famille et aux prêtres des divers cultes.

En revanche, l'État se donne des Attributions qui ne lui incombent nullement. Au nom de sa personnalité absolue, c'est-à-dire de son pouvoir absolu (la plus grande erreur des temps modernes), il s'immisce dans les affaires des particuliers, sous prétexte de les protéger contre leurs frères des États voisins. Il demande le sang de ses enfants pour des luttes fratricides.

Il sort ainsi de son rôle qui est *unique* : élever ses enfants, mais les élever complètement et non se contenter de leur donner une instruction amorphe, *neutre* et *stérile*.

L'instruction ne doit pas être neutre, elle doit être *morale*. Et pour être *efficacement morale*, il faut qu'elle soit basée sur une *conception vraie de l'Univers*. Sous prétexte de neutralité, l'État ne doit pas laisser enseigner des conceptions de l'Univers, fausses et mensongères.

La mission de l'État n'est pas de faire un peuple de petits savants égoïstes et froids, mais de former des caractères, des âmes. Il n'y arrivera pas par une instruction neutre mais par une *éducation* bien comprise que lui seul est à même de donner. Il faut remplacer la devise : *instruction obligatoire* par celle qui doit régénérer l'humanité : **Éducation obligatoire.**

On veut pourtant laisser cet enseignement aux familles et aux prêtres de divers cultes.

Mais combien de familles veulent et peuvent donner une éducation morale à leurs enfants? Et quant aux prêtres, par suite de leurs fausses conceptions de l'univers, ils ne peuvent donner qu'une éducation stérile et néfaste,

Car l'homme et les relations des hommes entre eux sont soumis aux lois générales qui régissent l'Univers. C'est donc de ces dernières que doit dériver la *Morale* humaine.

Et comme ces lois ne sont pas purement mécaniques, mais procèdent des Trois principes qui imprègnent toutes choses et hors desquels ne saurait se réaliser aucune Béatitude, ce n'est qu'en donnant dans chaque homme et dans les relations entre les hommes un plein épanouissement à ces *Principes*, que nous pourrons être *heureux*.

Ces Trois Principes : *Unité, Attraction, Progrès*, s'incarnent dans l'homme sous les modes : *Liberté, Égalité, Fraternité*. C'est donc en donnant à ces derniers, dans le cœur de l'homme, la plus grande intensité possible, que l'humanité pourra réaliser le Bonheur.

Ces Principes ne forment pas un Être *absolu*, ils se contredisent dans une certaine mesure. Si l'on pousse l'*Égalité* à l'excès, on anéantit la *Liberté*.

Heureusement il existe entre la Liberté et l'Égalité, un lien, une relation, un trait d'union qui, par son développement, atténue leur antagonisme et permet de centupler leur intensité respective sans occasionner de lutte intestine dans le Ternaire Suprême,

Ce trait d'union, c'est la *Fraternité*. C'est elle qu'il faut cultiver et développer autant que le permet le minimum d'égoïsme, base du Principe de *Liberté*, et nécessaire à la conservation et à la marche des êtres vers le Bonheur.

J'insiste, c'est par le culte de la *Fraternité* qui existe en germe, dans tous les cœurs, qu'on atténuera l'égoïsme humain et non par l'autorité et les décrets des pouvoirs publics

Or, le culte de la *Fraternité*, c'est le fait de l'*Éducation*. C'est donc par l'Éducation que le Ternaire *Liberté*, *Égalité*, *Fraternité*, s'épanouira dans les mœurs à son maximum d'intensité possible, et alors les *lois écrites* en seront naturellement imprégnées. Car les *lois écrites* qui procèdent de la Volonté ou du Caprice des *pouvoirs publics* ne sont efficaces et durables qu'à la condition d'être l'expression des *mœurs* des gouvernés. Et les *mœurs* sont le résultat de l'*Éducation*.

L'Éducation puisera sa force non dans la *Sience*, qui ne saurait faire vibrer les fibres intimes du cœur, mais dans le *Sentiment*, cet unique moteur des actes humains.

Nous avons montré au chapitre V, que l'essence de tout sentiment, c'est la *sympathie fraternelle*, mode particulier de l'**Attraction** *universelle, seule force qui gouverne le Monde*. Et comme un être ne peut arriver à la Béatitude qu'en suivant les lois qui régissent le *Grand Tout*, il s'ensuit que pour donner le *Bonheur* à l'humanité, il faut, par l'*éducation*, développer dans le cœur humain, l'idée de *fraternité*.

Si l'on m'objecte que je néglige ainsi deux termes du Ternaire, je répondrai que, dès l'instant où les hommes seront pénétrés de l'idée qu'ils sont *frères*, ils comprendront, par le fait même qu'ils sont *égaux*, qu'aucun n'a le droit d'opprimer ses semblables et que tous sont *libres*. Voilà pourquoi la prééminence que j'attribue à la *fraternité* sur les deux autres termes.

Tout en préconisant dans l'*Éducation* l'exercice du *sentiment*, exercice qui s'effectue par la *Morale* et l'*Art*, je ne prétends pas, comme certains idéalistes, supprimer la *Science*.

Au contraire, la *Science* qui est le culte du vrai, doit accompagner l'*Art* qui est le culte du Beau et la *Morale* qui est le culte du Bien, dans une éducation capable de conduire l'humanité à la Béatitude. Ces trois cultes doivent former un Ternaire relatif, c'est-à-dire relié par des relations qui doivent empêcher l'un de s'atrophier ou de se développer exclusivement aux dépens des autres.

L'Éducation doit donc se composer de trois facteurs : la **Science**, l'**Art** et la **Morale**.

Mais si le **sentiment fraternel** (exercé par l'*Art* et la *Morale* (doit être le **moteur** de l'éducation, la **Science doit en être le pilote**.

C'est la *Science* qui, par la conception de l'Univers qu'elle détermine, nous apprendra ce que nous sommes, d'où nous venons et où nous allons, ce que nous avons à faire pour arriver au but vers lequel nous tendons, qui est la Perfection et le Bonheur.

C'est elle qui par sa lumière, anéantit les préjugés et l'erreur. C'est elle qui empêche l'homme de se laisser asservir en lui montrant qu'il doit se diriger lui-même et non par la volonté d'autrui, qu'il doit faire le Bien, non pour plaire à un Dieu imaginaire, mais **parce qu'il est lui-même un Dieu.**

D'un autre côté, la Science, en nous faisant connaître la nature humaine, nos relations et nos fonctions dans la vie, détermine rationnellement les méthodes les plus efficaces pour nous rendre parfaits et heureux.

**La Science est donc la base de la vraie morale.** Elle est également la base de l'*Art* véritable; je dirai plus, elle doit en être l'essence, la Substance. Bien des penseurs l'ont dit « Rien n'est beau que le vrai » « Le beau, c'est la splendeur du vrai ». Le Beau fait aimer le vrai. Et d'une manière plus générale, l'art fait aimer. Ainsi, suivant la façon dont l'art sera cultivé et dirigé, il fera naître, il développera dans le cœur de l'homme, l'amour de ses semblables.

Après avoir montré dans ses grandes lignes ce que doit être l'Éducation, indiquons maintenant les méthodes pratiques à suivre par les éducateurs.

L'éducation, pour être complète, doit revêtir trois caractères : *plastique, préventive, pénitentiaire*. Pour les deux derniers caractères, je n'ai que quelques mots à dire.

**Éducation préventive**. — La psychologie médicale moderne nous apprend que le futur malfaiteur n'est nullement prédisposé au crime, mais qu'il a seulement un surcroît d'excitation nerveuse, et que cette exagération peut être détournée du mal en la dirigeant vers un but moral.

Il sera facile à l'instituteur de découvrir ces genres de caractères et, de concert avec le *médecin* qui visitera l'école périodiquement, il emploiera ou fera employer par la famille, les moyens efficaces pour faire un honnête homme de celui qui eut été un malfaiteur.

**Éducation pénitentiaire**. — En attendant l'époque (certaine d'ailleurs) où il n'existera plus de malfaiteurs, l'État, comme *Éducateur*, doit punir les fautes de ses enfants.

Puisqu'il fait partie de l'*Éducation*, le *châtiment* aura trois qualités : *expiateur, exemplaire* et *moral*. Toute faute doit être expiée, mais de telle sorte que l'expiation inspire une salutaire horreur à ceux qui seraient tentés de commettre la même faute, et en même temps qu'elle rende meilleur le sujet qui y est soumis.

**Éducation plastique.** — Elle revêtira encore trois caractères : *scientifique*, *physique* et *moral*.

**Éducation scientifique.** — Elle a, comme nous l'avons vu, une grande importance, la Science étant la base de l'éducation.

J'ajouterai seulement qu'il sera bon de développer l'enseignement de l'histoire au point de vue des bons exemples qu'elle fournit et des conséquences fâcheuses des mauvais.

**Éducation physique.** — Sans prétendre, comme les matérialistes modernes, que « l'homme est : ce qu'il mange », on est obligé de reconnaître que le genre de nourriture a une grande influence sur le développement de l'Être pensant.

L'État, comme *éducateur*, doit donc veiller sur la nourriture de ses enfants. Il doit prohiber, dans la mesure du possible, ces deux *poisons*, ces deux *ennemis du peuple* qu'on appelle l'*alcool* et le *tabac*, exigeant d'ailleurs des sommes d'argent qui seraient beaucoup plus utilement dépensées à se procurer une nourriture substantielle.

L'État doit trouver les moyens de mettre la viande à la portée de toutes les bouches, de façon à former une génération robuste, qui pense et agisse fortement.

**Éducation morale**. — Elle se décompose à son tour en trois phases suivant que l'homme est *enfant*, *adolescent* ou *adulte*.

(Nous parlerons spécialement de l'Éducation des femmes).

**Enfants**. — On se contentera de leur faire apprendre par cœur les grandes lignes d'une vraie *conception philosophique de l'Univers*, et la *Morale* qui en découle. Morale basée sur l'*Attraction* sympatique et *fraternelle*,

En tenant compte de cette idée de Platon, pratiquée très efficacement par l'Eglise catholique : « que les » commencements sont tout dans une nature jeune » et tendre, où toutes les parties gardent l'empreinte » qu'on leur donne ».

Les sentiments de l'homme sont ceux qu'on a inculqués à l'enfant, sauf les cas où l'adolescent a reçu une éducation contraire à la première.

**Adolescents.** — Ils seront *organiquement imprégnés* des principes qu'ils auront appris par cœur dans leur enfance. On profitera du moment où leurs sentiments commencent à naître et à se développer, pour les bien convaincre du caractère sacré de ces principes.

On fondera dans toutes les écoles, des *associations* comme celles qui existaient dans les lycées, parmi les candidats aux grandes Ecoles du Gouvernement. Ce sont des foyers très favorables au développement des idées de *solidarité* et de *fraternité*.

Il faudra saisir toutes les occasions d'apitoyer l'homme jeune, c'est-à-dire, naturellement généreux et sensible, sur les misères de ses semblables.

Enfin, d'après cette idée que les tendances du cœur se développent et se fortifient comme les muscles du corps, on soumettra le jeune homme à une gymnastique morale dont le résultat sera de le rendre *organiquement fraternel* ; de telle sorte qu'il sera dans sa nature d'aimer ses semblables.

**Education des femmes. — Influence prépondérante du costume des prêtres catholiques.** — Pour tous les grands législateurs c'est-à-dire pour les législateurs philosophes, le point capital de l'éducation sociale est bien l'éducation de la femme.

Des mœurs de la femme dépendent les mœurs de la société. La femme est la première et la principale éducatrice de l'enfant. Elle exerce une suggestion presque invincible sur le chef de famille.

C'est la femme qui fait les mœurs de la famille et par suite les mœurs de la société.

Il importe donc qu'elle reçoive une éducation saine et pure.

Or qu'arrive-t-il dans la société catholique ?

L'éducation de la femme, la direction de la conscience de l'épouse et de la jeune fille est confiée, non pas à l'époux, ni à la mère de famille, mais à un étranger du sexe mâle : le prêtre.

Si encore il était, comme dans les religions protestante et israélite, un prêtre ressemblant aux autres hommes et dont le prestige est, par là-même, limité et sans danger.

Mais le prêtre catholique est revêtu du costume le plus imposant et le plus froidement suggestif qu'on puisse imaginer. Il agit non seulement sur l'âme et le cœur de la femme, mais encore sur sa chair.

Il trouble la femme et la fascine. La soutane laisse deviner sous sa raideur impénétrable aux regards indiscrets, un corps peut-être voluptueux et des appas que l'imagination féminine est encore tentée d'exagérer.

Ce prêtre par son costume de sultan divin apparaît à la femme comme un être surnaturel : il la fascine, il la subjugue âme et corps.

L'éducation catholique vient donc à bout sans peine de la pudeur de la femme qui n'oppose aucune résistance à ce demi-dieu vainqueur et irrésistible : le prêtre catholique.

Elle lui ouvre tous les secrets de son cœur, toutes ses faiblesses honteuses, tous les désirs violents de ses sens, et cela loin de son mari, enfermée qu'elle est dans une étroite cabine, seule avec un homme qui savoure longuement ces aveux brûlants et toute la luxure étalée de cette chair palpitante.

Dites, la possession d'une femme peut-elle être plus entière et plus intime ?

Le prêtre catholique n'est-il pas tout-puissant dans les familles ?

**N'est-il pas de l'intérêt même et surtout des maris catholiques pratiquants** (sur lesquels le cœur et parfois le corps de leurs femmes est usurpé) **que cet état honteux cesse.**

Eh bien ! si ce prêtre était abaissé au niveau des vulgaires profanes. S'il était obligé de porter ce vêtement si commun, et si trivial qu'on appelle dé noms ridicules « pantalon » et « veste » dont les formes prosaïques et insignifiantes ne laissent aucune place au mystère pour l'imagination féminine et qui sont loin de symboliser comme la soutane la discrétion et le secret professionnels,

S'il était vêtu comme les autres hommes, il serait bientôt considéré par les femmes comme les autres hommes.

On verrait disparaître toute sa puissance de séduction.

La soutane supprimée, finie la fascination, la suggestion invincible du prêtre catholique sur la femme.

Ce sera l'émancipation de la femme du joug honteux et voluptueux du prêtre.

Alors on pourra donner à la femme avec efficacité une éducation saine et pure.

Mais tant que le prêtre catholique sera orgueilleusement revêtu de ce costume quasi divin, il possédera la femme et toute tentative d'éducation venant d'un autre que du prêtre, échouera fatalement.

**Pour avoir la mère de famille pure et éducatrice animée de sentiments nobles et forts, il faut supprimer la soutane.**

Par la suppression de la soutane on obtiendra, non seulement l'émancipation de la femme mais celui de la société tout entière ; car pour le vulgaire, l'homme revêtu de cette imposante et mystérieuse robe noire sera toujours un être surnaturel.

*Inconsciemment le peuple ignorant subira l'effet magique de la soutane.*

**Adultes.** — Sur eux, un puissant moyen d'éducation sera l'initiation aux sociétés secrètes. Nous avons vu au chapitre XIII toute leur puissance *moralisatrice.* J'ajoute qu'elles sont appelées à jouer un grand rôle pendant la période de transition, profondément secouée par le douloureux enfantement des croyances nouvelles qui doivent donner le *bonheur* à l'humanité.

Un autre puissant moyen d'éducation, accessible non pas seulement à une élite d'initiés, mais à tout homme, c'est l'*Art* : le culte du beau et de l'idéal. Comme je l'ai dit précédemment, ce sera le grand auxiliaire de la Morale.

Car l'homme a besoin d'idéal, de quelque chose qui (quoique réel) dépasse la portée des sens, de *principes* qu'il ne peut posséder que par son *cœur*. Ce n'est qu'après la satisfaction de ce besoin qu'il peut être heureux.

Il faut croire à de réels *principes*, le scepticisme ne produit rien.

Qu'avez-vous à donner à ces foules, avides d'idéal, assoiffées de mysticisme ?

Le Christ a donné la Foi, l'Espérance, la Charité et cette simple prière : « Notre père qui êtes aux cieux... »

Et nous, qui avons voulu régénérer le monde, et dont la prétention est plus grande que celle du Christ puisque, au lieu d'une Béatitude imaginaire, nous voulons dès ici-bas donner à l'homme un *bonheur réel*. Eh bien ? qu'avons-nous ? quelle langue pour parler au cœur des nations ?

La négation sèche des positivistes ! Des formules algébriques ou juridiques de solidarité mécanique !!!

Insensés que vous êtes...

En vérité, je vous le dis. Prenez garde, vous les chevaliers de la Vérité et de la *Fraternité*. Prenez garde, vos rivaux sont habiles, ils connaissent ce cœur humain qu'on ne satisfera jamais par des théorèmes et des formules juridiques.

...........................................

Quelques-uns proposent la science comme remède universel.

Il est remarquable que ces bruyants propagandistes de la science sont le plus souvent des gens ignorant complétement les sciences.

Par contre, les savants, tout en s'efforçant d'agrandir le domaine de la science, considèrent que ce domaine est un espace restreint et limité, perdu au milieu de l'immensité de l'inconnu, c'est-à-dire de la métaphysique.

Que plus cette sphère connue s'agrandit, plus ses points de contact avec l'inconnu se multiplient et ces points de contact sont des points d'interrogation et des mystères.

...........................................

D'autre part, on ne peut augmenter cette sphère

connue qu'en plongeant dans l'inconnu qui l'enveloppe de toutes parts pour en arracher des parcelles et les ajouter à la masse connue.

Ceux qui plongent ainsi dans l'inconnu pour en retirer des conceptions métaphysiques, des hypothèses fécondes en découvertes, sont bien obligés de quitter le domaine du connu, c'est-à-dire de la science pour entrer dans celui de la métaphysique.

S'ils eussent tourné le dos à l'inconnu, à la métaphysique et qu'ils eussent contemplé indéfiniment le connu, quels progrès la science eût-elle réalisés ?

Voilà combien sont ineptes ou de mauvaise foi les personnes qui interdisent les conceptions métaphysiques, les hypothèses, lesquelles, loin de nuire à la science, sont les seuls moyens de la faire progresser.

. . . . . . . . . . . . . . . . . . . . . . . . . . . . . . . . . . . . . . . . . . . . . .

Quoi qu'il en soit le bonheur ne se trouve pas dans la science, il se trouve dans l'idéal.

Notre idéal n'est pas celui des Religions ; mais ce Ternaire : *Liberté, Égalité, Fraternité*, auquel nous avons donné des **bases scientifiques : les Trois Principes : Unité, Attraction, Progrès, admis par toutes les sciences.**

Cet idéal est bien supérieur au catholicisme.

Au lieu de l'asservissement avilissant aux caprices

injustes d'un tyran imaginaire, au lieu de l'égoïsme raffiné de la Charité intéressée ;

Nous sommes des parties de Dieu et *dieux* nous-mêmes par notre *liberté* ; nous sommes tout imprégnés de justice et d'*égalité* ; nous aspirons à l'universelle *fraternité*.

Nous devons faire le bien par cela seul que nous nous sentons parties de Dieu, et non par intérêt, en vue d'une récompense future.

**Cette pensée que nous sommes dieux, doit nous inspirer notre conduite dans chaque acte de la vie.**

Nous sommes dieux ; tous les préceptes de morale sont contenus dans ces trois mots :

**Nous sommes dieux ; voilà notre Idéal.**

Cultivons-le, si je puis m'exprimer ainsi, cet ineffable *idéal*. Il suffira de le manifester aux cœurs pour qu'ils s'en imprègnent avec avidité.

Le culte de l'*idéal*, je l'ai déjà dit, c'est l'*Art*.

Par quels moyens pratiques arriverons-nous à faire que l'Art manifeste dignement notre sublime idéal ?

. . . . . . . . . . . . . . . . . . . . . . . . . . . . . . . . . . . .

Selon Wagner, la véritable expression de l'art, c'est

l'Art *dramatique*, à condition qu'il soit aidé de ce puissant auxiliaire, qu'on appelle l'*Art musical*.

L'idée directrice de Wagner, comme de Schaupenhauer et de Spinoza, ces initiés des mystères antiques, ces contemplateurs du *Ternaire* divin, c'est qu'il existe trois degrés dans la connaissance : 1° la connaissance *ordinaire*, pratique, subjective, égoïste, qui ne perçoit les choses que par rapport à nous ; 2° la connaissance *scientifique*, par les *idées* ou les notions communes, qui les perçoit dans leurs rapports entre elles ; 3° la connaissance *intuitive*, objective, par l'*Art* qui dégage l'essence des choses.

Ainsi, dans le *drame*, l'artiste dégage l'essence des choses et le spectateur s'objective, s'identifie avec les acteurs.

Il faudra que les artistes composent des *drames imprégnés des idées de justice et de fraternité*, et les spectateurs, par leur tendance invincible à s'identifier avec les acteurs, en seront eux-mêmes imprégnés. C'est ainsi que la *Liberté*, l'*Egalité*, la *Fraternité*, arriveront à pénétrer les cœurs.

Pour avoir cette efficacité, le drame doit être *universel*, il ne doit pas représenter l'homme d'une classe, d'un pays, il doit être *humain*.

Il doit faire appel à toutes les classes, à tous les dévouements. C'est ainsi qu'il fera vibrer la corde de l'amour *fraternel* à tel point que la voix de l'égoïsme et du vice en soit étouffée.

**Que le riche, honteux de ses privilèges, en ressente comme un remords,** jusqu'à ce que, afin de vivre en paix avec sa conscience, il fasse de lui-même les premiers sacrifices pour venir en aide au malheureux. Et cet acte de *fraternité* lui procurera plus de joie que n'en ressentira celui qu'il aura secouru.

Pour être moralisateur et éducateur, le drame devra donc être *universel*.

L'*Art musical* aura précisément la propriété de donner au drame ce caractère *universel* nécessaire pour le rendre *efficacement fraternel*, car la musique n'exprime pas les sentiments de tel ou tel individu, mais le sentiment humain dans son **Unité**.

De plus, la musique, par le pouvoir magique qu'elle exerce sur le cœur, donne au drame une efficacité souveraine et toute puissante.

Orphée, Pythagore et Cicéron n'ont-ils pas dit que les lois qui régissent les Mondes, et dont l'ensemble forme l'**Harmonie Universelle**, sont comme une véritable symphonie composée d'accords et de sons harmonieux qui, pour être imperceptibles à notre oreille grossière, n'en sont pas moins réels ?

Orphée raconte que les pierres se groupaient d'elles-mêmes aux sons divins de sa lyre et que les villes se bâtissaient comme par enchantement sous l'influence de ses mélodieux accords ;

Voulant montrer par là que, non seulement l'art musical peut agir sur les éléments, mais que les éléments se meuvent et se comportent d'eux-mêmes suivant des lois qui sont les lois de l'**Harmonie musicale**, cas particulier de l'Harmonie Universelle.

Il suffit de remarquer, avec Schopenhauer, que la musique est une objectivation immédiate des affections et des passions, pour comprendre comment, par cette action magique qu'elle exerce sur nos cœurs, elle peut nous imprégner de tel ou tel sentiment. « De » tous les beaux arts, dit Napoléon, la musique est » celui qui a le plus d'influence sur les passions, celui » que le législateur doit le plus encourager. Un mor- » ceau de musique moral, fait de main de maître, » touche immanquablement le sentiment et a plus » d'influence qu'un bon ouvrage qui convainc la rai- » son, sans influer sur nos habitudes. »

Si la musique a une telle puissance quand elle est unie à l'art dramatique, que ne sera-t-elle pas, si elle est unie à l'*Art lyrique*, ce souffle divin qui nous arrache de la terre et nous transporte jusqu'aux Principes des choses !

Malheureusement, il est actuellement deux formes d'art lyrique qui, détournées de leur véritable voie, produisent des effets plutôt néfastes.

Certains chants nationaux, hymnes sanguinaires, excitant la haine des peuples contre les peuples, doivent être supprimés : il n'y a pas de sang impur, le sang de tous les hommes est également sacré.

Les chants religieux, quoique d'un caractère plus élevé, ont le défaut d'être basés sur de fausses conceptions de l'Univers qui ne peuvent engendrer qu'une morale stérile ou pernicieuse.

Il faut remplacer les uns et les autres par des *hymnes philosophiques* célébrant l'*unité* du genre humain et la *fraternité* universelle.

Le digne couronnement de l'*Art* appliqué à l'éducation et au bonheur de l'humanité, serait la création d'un **culte public** non pas réservé à une nation ou à une religion particulière, mais un **culte universel**, consacré aux Trois Principes : *Unité, Attraction, Progrès* qui gouvernent toutes choses.

Les grandes fêtes nationales et religieuses seraient remplacées par de grandes *fêtes philosophiques* célébrant les Trois Principes.

Les sept jours de la semaine seraient consacrés aux *sept manifestations du Principe de Progrès*.

Pendant le septième jour, le *Libertidi*, auraient lieu des *offices philosophiques* et universels composés de cérémonies et d'hymnes assez imposants, assez vibrants pour frapper les imaginations et séduire les cœurs.

**Un nouvel évangile** serait annoncé aux hommes, Évangile qui donnera le bonheur à l'humanité et célébrera les souffrances, *la Passion* des martyrs qui ont versé leur sang pour le rachat du genre humain, depuis Prométhée jusqu'aux rédempteurs de la Révolution française.

Ces cérémonies, ces hymnes et ces chants auront pour effet, par une ardente invocation des *Trois Principes*, de les faire descendre et s'épanouir en nos cœurs où s'incarnera leur *Verbe* trois fois saint : *Liberté Égalité, Fraternité.*

C'est ainsi qu'on élèvera l'âme, qu'on la dégagera des instincts charnels qui en font une esclave.

C'est ainsi qu'on fera des hommes de pensée haute, d'énergie physique et morale, de cette énergie qui nous fait plus grands que nous-mêmes, qui mieux que la grille des cloîtres, nous gare des plaisirs défendus et qui, mieux que les *lois pénales devenues inutiles* nous éloignera du mal.

Alors l'homme sera libre de la véritable *Liberté*. Il sera *Dieu*.

Cette élévation de l'âme vers les Trois Principes, sera la prière future qui remplacera l'ancienne prière immorale implorant la protection du ciel contre un frère souvent plus méritant.

**La panthéiste Eucharistie** en un *fraternel amour* dont la solidarité et la charité actuelles intéressées ne peuvent nous donner qu'une bien imparfaite idée,

Telle est la *Béatitude accessible dès ici-bas à tout homme de bonne volonté,* qui, par les germes de *Liberté,* d'*Égalité* et de *Fraternité,* immanents en lui, veut communier avec les Principes des choses : **Unité Attraction, Progrès** qui lui sont consubstantiels.

. . . . . . . . . . . . . . . . . . . . . . . . . . . . . . . . . . . . . . . . . . . .
. . . . . . . . . . . . . . . . . . . . . . . . . . . . . . . . . . . . . . . . . . . .
. . . . . . . . . . . . . . . . . . . . . . . . . . . . . . . . . . . . . . . . . . . .

# TABLE DES MATIÈRES

|  |  | Pages. |
|---|---|---|
| Préface | | 5 |
| I. | — Vers le bonheur | 7 |
| II. | — Possibilité du bonheur | 21 |
| III. | — Fraternité | 36 |
| IV. | — Conception philosophique de l'Univers | 46 |
| V. | — Les sept manifestations du Principe de Progrès | 59 |
| VI. | — Sympathie universelle | 73 |
| VII. | — L'Univers irréductible aux lois de la Mécanique | 96 |
| VIII. | — Ternaire suprême | 104 |
| IX. | — Dies Iræ, Dies Illa | 121 |
| X. | — Inri (Loi d'universel développement) | 126 |
| XI. | — I. E. V. E | 137 |
| XII. | — Dogmes et Systèmes | 143 |
| XIII. | — Systèmes idéalistes | 155 |
| XIV. | — Les Religions | 172 |
| XV. | — Les Trois attributs de la Substance Une | 195 |
| XVI. | — Les Imperfections de Dieu | 210 |
| XVII. | — Cosmogonie, Géogonie | 223 |
| XVIII. | — Biogonie | 239 |
| XIX. | — Psychogonie | 249 |
| XX. | — Démogonie | 264 |
| XXI. | — Révolution sociale | 278 |
| XXII. | — Et le verbe s'est fait chair | 290 |
| XXIII. | — Éducation | 297 |
| Table des matières | | 321 |

Châteauroux. — Typographie et Lithographie P. Langlois et Cⁱᵉ.

# EN VENTE
## A la Société d'Éditions Scientifiques

BAZALGETTE (Léon). — **L'esprit nouveau dans la vie artistique, sociale et religieuse.** 1 vol. in-18 de 396 pages, broché .................................................. 3 fr. 50

BINGER (Capitaine). — **Esclavage, islamisme et christianisme.** 1 vol. in-8 de 112 pages, broché ................. 2 fr. 50

CONSTANT (Henri). — **Le Christ, le christianisme et la religion de l'avenir.** 1 vol. in-18 de 411 pages, broché. ..... 3 fr. 50

FINARD D'ALLONVILLE. — **Causeries sur les phénomènes de la nature.** 1 vol. in-8 de 280 pages, broché............. 4 fr.

GUYARD (Etienne). — **Histoire du monde, son évolution et sa civilisation**, avec des gravures, des tableaux et le magnifique planisphère de Schrader. 3 vol. gr. in-8 brochés.
Tome I. — 680 pages................................. 3 fr.
Tome II. — 1084 pages ............................... 4 fr.
Tome III. — 1034 pages .............................. 4 fr.

HEMEL (Claude). — **Les métamorphoses de la matière.** 1 vol. in-18 de 204 pages, broché ..................... 3 fr. 50

JOLLIVET-CASTELOT (François). — **La vie et l'âme de la matière.** 1 vol. in-18 de 204 pages, broché.................... 3 fr. 50

JOUGLARD (L.). — **L'univers et sa cause d'après la science actuelle.** 1 vol. in-16 de 322 pages, broché. 3 fr. 50

LAUR (Paul). — **Le roman de l'humanité**, *rêveries philosophiques.* 1 vol. in-18 de 316 pages, broché............ 4 fr.

LAURENCE (J.). — **Le moi éternel.** 1 vol. in-18 de VII-226 pages, couronné par l'Institut, 2ᵉ édition, broché. .... 3 fr.

LAURENCE (J.). — **Destinées du moi.** 1 vol. in-18 de XXVII-198 pages, broché............................................... 3 fr.

LEFÈVRE (André), traducteur de Lucrèce. — **Contre-poison.** 1 vol. in-18 de 402 pages, broché..................... 3 fr. 50

MALVERT. — **Science et Religion.** 1 vol. in-12 de 232 pages, avec 150 figures dans le texte, broché............... 2 fr. 50

MARYLLIS (Paul). **Les harmonies naturelles**, préface par le Dʳ G. BARBÉZIEUX. 1 vol. in-18 de 400 pages, broché.... 4 fr.

www.ingramcontent.com/pod-product-compliance
Lightning Source LLC
Chambersburg PA
CBHW060406170426
43199CB00013B/2020